性風俗50年

わたしと昭和のエロ事師たち

もくじ

一・戦後 性風俗の傑物たち 7

装幀／井上則人

一・戦後性風俗の傑物たち

戦争体験から生まれたＳＭ雑誌

思った通りに生きる

太平洋戦争の敗戦後、さまざまな性風俗が登場しては衰退して行った。その第一号がいわゆるパンパン（街娼）であり、ストリップも、戦後の性風俗の大きな流れの一つとなった。そしてストリップが鑑賞する性風俗のシンボルなら、一九五一（昭和二六）年に登場したとされるトルコ風呂は売春の代行産業となって栄えた。トルコ風呂は一九八四年からソープランドと名称を変更して、現在まで命脈を保っている。

一方、敗戦後には「カストリ雑誌」と呼ばれる安直なエロ雑誌が怒濤のように広がり、その数は東京だけで一〇〇から一二〇誌といわれ、大阪でも半分の五〇から七〇誌くらいあったと推定されている。「カストリ雑誌」のカストリとは酒粕を蒸留した粕取り焼酎から出た言葉で、「粕取り焼酎は三合で酔いつぶれる」ことから「三号でつぶれる雑誌」としゃれたのである。その流行が冷めた頃に出てきたのが『夫婦生活』であった。同誌は

「夫婦は月に何回くらい関係するのがいい夫婦なのか」、「夫はどれくらい前戯を施したら妻に挿入していいのか」など、アメリカ的な合理主義と称するセックス記事で人気を博し、『婦人公論』を始め、その後の婦人雑誌の方向に多大な影響を及ぼした。もちろん『新夫婦』や『愛情夫婦』など、確認できるだけで五、六誌の後追い雑誌も刊行された。

それらの性風俗の中で戦後社会に深く浸透し、現代社会の骨格の一つといえるまでになったものが、『奇譚クラブ』によって切り開かれたSMの世界である。雨後のタケノコのような「カストリ雑誌」の一つとしてスタートした『奇譚クラブ』は、いつしかSMを人間の行動規範の一種として認知させたばかりか、Sだ、Mだ、フェチだといった用語を日常会話の中で定着させたのである。

それだけに一九八六(昭和六二)年八月、須磨利之さんを探し出した時は風俗ライターとして何事かを一つは成したと思うほど自惚れたものだ。なぜなら須磨さんこそ『奇譚クラブ』をSM雑誌として世に出した人であり、のちにSMという言葉を造語した人であるからだ。

SM雑誌の創生と発展については後に紹介するとして、須磨さんにとってなぜSMだったのか、そのきっかけから触れたい。

一九四四(昭和一九)年三月一八日、須磨さんは台湾とフィリピンの間にあるバシー海峡で、板切れにつかまったまま三日間、海に浮かんでいた。須磨さんが乗艦していた「北陸丸」という仮装巡洋艦がアメリカ軍の潜水艦に魚雷攻撃を受けたのである。バシー海峡はフカの名所で、台湾の漁師がフカ漁に来るところとして知られていたが、ドーンと海に投げ出されて体が水中に沈んでいった時、目を開けたら周りはフカだらけだったという。

ただしフカは目の前に人間がいるからといって、いきなりガブリと食いついてくるわけではない。獲物に自分の横腹をこすりつけて通り過ぎ、その後に襲ってくるという。須磨さんも何度かフカに横腹をこすりつけられたが、幸い食べられることは免れた。

その理由は、海に放り出された時無傷だったこと（血の臭いがしていなかったこと）、須磨さんの周辺は重油だらけで、須磨さんの体にもべっとりと重油が付着していた。フカの方がその臭いを敬遠したようであった。油を浴びていない人間が周囲にたくさんいたから、油臭い人間を襲う必要がなかったのである。

戦友がフカに食いちぎられていく時の悲鳴や絶叫は、その後も耳にこびりついて離れない。「北陸丸」の乗員は総勢一〇〇九人。助かったのはそのうち甲板にいた二〇〇人くらいのうちの七三人だけ。ほかのほぼ全員がフカに食い殺されたのであった。

その時須磨さんは「今度生きて帰ったら、絶対自分の思った通りに生きていこう」と決心したという。なぜなら一九三九（昭和一四）年五月、一九歳で舞鶴（京都）の海兵団に志願した須磨さんは、この時までに一〇回戦場に赴き、そのうち三回はアメリカ軍の攻撃によって海に放り出された。フカのいる海は初めてだったが、何十人もの戦友がフカに食い殺される現場に浮かんでいたら、「もう戦場には出ない」という覚悟も定まるというものである。「思った通りに生きる」という覚悟の中身がＳＭ趣味を満喫するということであった。もちろんＳＭという言葉はまだなかったのだが……。

縛られた母の姿

復員した須磨さんは三つのことに取り組んだ。第一に食べていく手段として、大阪で発行されていたカストリ雑誌の『奇譚クラブ』の編集者になったこと。二番目は大阪随一の遊郭である飛田《とびた》遊郭に入りびたったこと。そして三番目が小林椽仙という日本画家について絵の修業を始めたことである。実はこの三つ、すべてが後のＳＭと結びついていた。そこで須磨さんとＳＭの道程を一歩ずつたどって行くと、最初は日本画修業を思い立ったきっかけからスタートする。

須磨さんは一九二〇（大正九）年、京都で生まれた。実家は西日本で一番という大規模な印刷会社で、伯父さん（父親の兄）が経営していた。伯父さんは須磨勘兵衛といい、戦時中には個人で陸軍と海軍に一機ずつ飛行機を献納したほどの富豪であった。父親は早くに亡くなって、須磨さん母子は社長である伯父さんの援助によって生活していたが、広い敷地の一角に家も建ててもらい、何不自由ない毎日だったという。

庭には大きな土蔵が三つ並んでいて、須磨さんは土蔵の中に潜り込んで遊ぶことが大好きだったが、その蔵で二つの決定的なできごとを体験する。一つはいつものように蔵に入ってみると、一番奥に置かれていた長持ちのふたが開いていた。何げなくのぞいたところ、半裸の女性が縛り上げられて折檻されている場面や、若い女性が全裸にされて強姦されようとしているところなど、いわゆる「責め絵」と呼ばれる浮世絵が束になって収納されていたことである。「責め絵」とは昭和の画家・伊藤晴雨が好んで描いた作品を指す言葉で、江戸時代の春画の用語ではない。それを表す的確な語句が見当たらないから、とりあえず「責め絵」と呼ぶが、それが性的な意味を持つものであることは須磨さんにも理解できた。七歳の年だったという。

第二の事件はその二年後、小学校三年生の時であった。学校から帰った後、例によって土蔵の中に入ったところ、母親が真っ裸で柱に縛り付けられていたのである。文字通り腰巻一枚着けない素っ裸で、日本髪はちぢに乱れ、柱の根もとから蔵の隅までスーッと水の筋ができていた。それが母親が漏らしたおしっこの跡であることは子ども心にも想像できたという。

この二つの経験は須磨さんの心の中に深く刻まれていた。母親にこういう仕打ちができる人となれば、家の中には伯父さんしかいなかったが、母親にも伯父さんにも問いただすことはなかった。が、ざっと一〇年後、海兵団に志願した頃にはおおよその想像はつくようになっていた。春画は須磨さんの祖父にあたる人が集めたもので、ほとんどは江戸時代に京都で流通していたものと思われた。一方、母親に対する折檻は夫（須磨さんの父親）の死後、役者買いをするようになった母親（義理の姉）を懲らしめるためのもので、伯父さんも責めに対する好奇心が強く、母親の不倫をかっこうの口実として自分の興味を満たしたのではないかと思われた。

須磨さんがこのことについて母親や伯父さんに反発を抱くことはなかった。むしろ柱に縛られた母親の姿をきれいだったと思い、その姿を絵にして残しておきたいという願望がふつふつと湧いてきた。日本画修業はそのための第一歩であった。

飛田遊郭へ通うようになったのは、女性が欲しいという欲望もさることながら、縛りを受け入れてくれそうな遊女を探すことも大きな目的であった。当時の飛田遊郭には二〇〇軒の妓楼があり、遊女の数は一五〇〇人といわれていた。その中には目的に合う女性の一人や二人はいるだろうと思ったのである。だがＳＭのことがオープンになってからはともかく、誰も知らない時代だから、ことは簡単ではなかった。話している時はＯＫだった遊女を浴衣の腰ヒモで縛り始めたとたん、「助けて、強盗」と大騒ぎされ、料金を上乗せされるのがオチだった。五、六人の用心棒に取り囲まれたこともあったという。

ところが銀巴里楼という妓楼に上がったことから状況が変わった。女性にチップを弾むと約束して、浴衣の腰ヒモで縛ろうとしたところ、女性が「人殺し」と絶叫しながら階下の主人のもとへ逃げ出した。須磨さんは主人に対して自分の性的な嗜好を告白したが、それを聞いた主人が「それは面白い。これからはこちらで金を払うから、客の前でそれを演じてくれ」と言い出したのである。

こうして「縛られ女郎ショー」という日本初のＳＭショーがお目見えしたのであった。一九五〇（昭和二五）年秋のことである。

軍隊で学んだ縛り方

「縛られ女郎ショー」は足抜け（遊女屋から逃亡をはかること）を試みた宿場女郎が失敗してリンチされるという設定だったが、これが大変な人気を呼んだ。二日目か三日目には、噂を聞いたという男性が和歌山からやって来た。さらに数日後には広島から来た男性もいた。その頃には大阪中の評判となり、銀巴里楼の前には行列ができる騒ぎだったという。このショーで須磨さんがもらった出演料は一回三〇〇〇円。『奇譚クラブ』の給料が三万円だったからいいアルバイトだった。

その『奇譚クラブ』だが、創刊されたのは一九四七（昭和二二）年秋であった。『泉州日報』という大阪の地方紙の記者だった吉田稔という人物が、カストリ雑誌のブームを当て込んで出したのである。須磨さんは紹介する人があって編集部へ絵の売り込みに出かけたところ、吉田から勤めるよう誘われたという。四八年の一一月か一二月のことで、当時、大阪では十数誌のカストリ雑誌が競合していた。

ところで『りべらる』（一九四五年一二月創刊）によって始まったカストリ雑誌ブームは四八、四九年がピークで、五〇年には下降線をたどり始めた。その点では『奇譚クラブ』も同様で、それでもこの年は何とか乗り切ったものの、五一年に入ると身動きが取れない状態に陥った。吉田は須磨さんに「戦災で焼けた風呂屋（銭湯）が安く売りに出ている。二人で風呂屋をやらないか」と持ちかけてきたほどであった。

そこで須磨さんは「雑誌をしばらく私の思い通りに創らせてくれないか」と申し入れた

という。須磨さんには「縛られ女郎ショー」の成功が自信の裏付けとなって、雑誌でも必ず成功するという自負心があった。

そして半年後、その自信は現実となった。正確にはSM雑誌に転換して五冊目から売れ行きが激増し、編集部宛に送られてくる手紙や写真、自分のSM体験を手記の形で送ってくる人々も膨大な量に達した。一日に届く投稿の量が四〇件を超え、中には自分の体験談を三か月くらい、毎日配達してきた男性もいた。原稿の出来もよかったので、郵便受けに「ぜひお会いしたい」という貼り紙を出したが一度も現れなかったという。

それらの多くの人々の助力によって『奇譚クラブ』は急成長するのだが、その中でも特筆すべき助っ人が辻村隆さんだった。辻村さんは奈良の衛生技師で、戦争に引っ張られる前夜、密かに憧れていたいとこの女性から「私をあなたの好きにしていいよ」といわれて、気分が高揚するままに腰ひもで縛った。それまでに女性の経験はあったものの、縛りたいという思いは初めてだった。その後辻村さんは中国の最前線に送られ、輜重兵《しちょうへい》として馬で食料や弾薬を運搬する部隊に配属されたが、

「もう一度彼女を縛りたい、こんなところでは死にたくない」

そんな思いで毎日を送っていたという。そして無事に復員すると、彼女と結婚。衛生技師として県下を巡回しながら、知り合った女性の縛りの写真を撮り続けていたのである。これらの写真はまもなく「辻村隆のカメラハント」というタイトルで、『奇譚クラブ』の人気シリーズとなった。

ところで数多くのユニークな助っ人の中で、辻村さんが参加してくれたことには大きな意味があった。それは縛りの技術を持っていたことである。

それまで女性をロープや縄で縛った写真といえば、一九二〇年代に、画家の伊藤晴雨が大雪の竹林で、妊婦を縛った写真が残されていたが、これは好事家の間での話題に限定されていた。一般向けの雑誌ではその技術を持つ人がいなかったが、須磨さんは海軍歴が長かったため甲板に荷物を積み込む際の縛り方を体得していた。船舶の場合、嵐に見舞われて船が転覆する危険性が生じた際には、甲板に積んだ荷物を海に捨てるのが世界共通の法則であり、そのために一か所ほどけば、荷物全体のロープが次々にほどけるように結わえられていた。

一方、中国戦線で輜重兵を務めていた辻村さんは岩だらけの山地で、馬が転んだりしても荷物が落下しないように頑丈に結わえつける訓練を重ねていた。辻村さんは部隊でもその腕を認められる存在だったから、荷物の量によって、馬の背の両側に結わえつける結び方を様々に工夫していた。帰国して女性を縛る時も、陸軍時代の技が生きたのである。要するに『奇譚クラブ』の人気が急上昇してきた頃、すなわちＳＭの黎明期には女性を縛る技術は須磨さんの海軍方式と辻村さんの陸軍方式しかなかった。日本の軍隊の伝統は何よりもＳＭの縛りの中に受け継がれてきたのである。

『奇譚クラブ』にはそれまでの雑誌ジャーナリズムにまったく無縁だった人々が次々に参画してきた。例えば京都の商社マンで、切腹研究家の中康弘通さん。切腹という行為を文化論として初めて取り上げた人で、一九七〇（昭和四五）年、三島由紀夫氏が東京・市ヶ谷の自衛隊で割腹自殺を遂げた際、決行する直前に何度か中康さんを訪ねていたことから脚光を浴びた。

同じく京都の大学教授で、女相撲マニアのOさん。この人の『女相撲史論』という私家本は大変ユニークな文化史である。本書を入手した私は何度かインタビューを依頼する手紙を差し上げたが、丁重な断り状がきた。誌面以外では決して姿を見せようとせず、大学教授という肩書きも須磨さんに教えてもらったものである。そして『家畜人ヤプー』という幻想小説で、日本中の話題になった沼正三さん。沼さんはその後、東京高裁の判事だったことが判明して、再度日本中の話題となった。

女性で欠かせないのが松井籟子さんである。有名なフランス文学者の奥さんで、自分がマゾヒストであることを座談会などで公表した。松井さんのマゾ小説はＳＭ化した『奇譚クラブ』の第一号から掲載され、「女性が自分の性的な傾向を告白した最初のもの」として話題を読んだ。

有名な作家が積極的にコンタクトを取ってきたのも同誌の特徴の一つであった。三島氏は編集部に一〇回以上顔を見せたが、川端康成氏からはしばしば編集部に手紙が送られてきた。雑誌に掲載された手記の内容に興味を抱いて、紹介の労を取ってくれないかという内容が多かったと、須磨さんは記憶している。

作家の武田泰淳氏や劇作家の寺山修司氏も熱心なファンで、気に入った読み物の感想が編集部へ送られてきた。変わったところでは「冗談音楽」というラジオのコントなどで一世を風靡した三木鶏郎氏も縛りに熱中し、ラジオ局の録音室で女性を縛っていたという。録音室は防音完備だから女性の声が外に漏れないというわけである。落語家の立川談志氏は縛りのマニアであることを公言してはばからなかった。

『奇譚クラブ』の歴史で、どうしても欠かせないのが団鬼六氏である。団氏の「花と蛇」という小説が同誌に登場したのは一九六二年。これが読者の間で爆発的な人気を集め、ついには一四年間続く一大長編となった。三島さんはこの作品をとくに高く評価して、自分が選考委員を務めている「中央公論新人賞」に推薦したいと連絡してきた。須磨さんが「団さんには芥川賞を取る力がある。今その賞を受賞すると芥川賞の候補から外されるのではないか」と危惧すると、「その時は自分が芥川賞の選考委員を説得して回る」というほどの入れ込み様だったという。

こうしてこれまでの雑誌では考えられないような特異な文化の領域が展開されることになったのである。例えばそれまで「男は攻撃的で、女は受け身」という見方は男女間の普遍的な真理とされていたが、その見方はこの雑誌に寄せられた手記や写真等によってあっさり否定された。サドやマゾ、あるいは女装趣味の人々の存在はこれまでにも知られていたが、それらは精神的に異常であり、知的レベルの低い人という烙印を押されてきた。しかしその種の性的な倒錯は大学教授や弁護士など教養溢れる人々の中にも、しばしば見られた。

そして靴やハンカチ、口紅、タバコの吸い殻などにエロチックな感情を喚起される人々の存在も、同誌に寄せられた手記などで明白になり、フェティシズムという用語がこの雑誌から拡大して行った。

だが雑誌として成功したことは須磨さんの地位を危うくすることにもなった。

経営者の吉田氏は前述したように地方紙の記者上がりの人であり、穏健な常識人であった。カストリ雑誌としての『奇譚クラブ』は大失敗に終わり、特殊な嗜好の雑誌に変身することによって大成功を収めたが、成功の代償として警察から変態として目をつけられ、二度の発禁処分も受けた。その結果、吉田氏は警察から目をつけられない範囲の常識的なエロ雑誌で行きたいと願い、須磨さんは自分が切り開いた世界をもっともっと広げたいという意欲に燃えていた。その亀裂が日に日に深まっていったのである。

須磨さんが『奇譚クラブ』を退社して上京したのは一九五四年の暮であった。

『SMマガジン』創刊

一九五六年一〇月、久保書店から『裏窓』という雑誌が発刊された。須磨さんが久保書店から誘われて出した最初の雑誌である。『裏窓』は『奇譚クラブ』を知らなかった東京の人々に衝撃を与え、売れ行きも好調だった。

ただし、それと同時に須磨さんは、先行きが長くないことも覚悟させられた。

その理由は高橋鐵という一人の性学者の存在だった。『あまとりあ』は高橋氏がほとんど独力で編集していたが、彼は第一出版社から『人間探求』というセックス雑誌も発行しており、こちらも高橋の個人雑誌といってよかった。そのほかにも『あるす・あまとりあ』、『異常性愛三六相の分析』などのベストセラーを次々に出版して、時代を代表する文化人の一人に上げられていた。

一方、高橋氏が権威主義者であることも周辺にはよく知られていた。須磨さんが自分の影響下にある久保書店から新しい雑誌を出すことを快く思わず、企画の段階から意見を指し挟んできた。とくに当時、高橋氏はサディズムやマゾヒズムという用語を使用せず、あぶらぶ（アブノーマル・ラブの略語）や異常性愛と呼んでいた。その言葉を用いるよう陰に陽に「助力」したのである。

そこで一九五六年、須磨さんは上京以来わずか一年足らずで久保書店をやめることになった。久保書店も事情がわかっていただけに『裏窓』を持って独立することを認め、経済的にもそれなりの援助をしてくれたという。

『裏窓』は一九六五年まで発行されたが、須磨さんは途中で編集長を譲った。経済の高度成長からオリンピック景気と日本は好景気に浮かれ、それに連れて須磨さんが思い描いていた縛りや耽奇趣味の世界も、いつしか変調してきたように感じられたからである。縛りや耽奇趣味とは本来、きわめて精神的な世界だが、強い者がより強い自分に、あるいは自らの弱さを自覚する人が自己陶酔するような傾向が顕著になったと思われたのであった。

そこに見られるのは自己表現というにはあまりに直截的な世界であった。

「もっと遊びのある雑誌を創りたい」

そう思っていた矢先、衝撃的な出来事が起こった。一九六四年四月、『平凡パンチ』という若者向けの週刊誌が誕生して、創刊号から若者たちに圧倒的な人気を博したのである。そこにはファッションもセックスも、スポーツもレジャーも、目一杯楽しもうという編集部から読者へのメッセージが込められていた。

「縛りや耽奇趣味の世界も、そのような遊び心の表現でありたい」

須磨さんは切実にそう願った。そして一九六八年、コバルト社という出版社から新しい雑誌を出して欲しいという相談を受けた時、「かっこいいサスペンスとミステリーの雑誌を作ろう」という意味を込めて、その雑誌を『SMマガジン』と名付けた。サスペンスのSと、ミステリーのMに溢れる雑誌というのがネーミングの由来であった。

ところがこれが意外な展開を見せることになった。「サスペンス&ミステリー」の略語のつもりだったSMという言葉が「サド・マゾ」の略語として一人歩きを始めたのである。さらに一九七〇年秋に東京三世社から『SMセレクト』が創刊されることになるが、『あぶめんと』『問題SM小説』などのSM雑誌も前後して登場。七一年から七二年になると、私が確認できただけで一〇誌以上のSM雑誌が誕生してSMが一種の社会現象となっていくのである。

それに連れてSだ、Mだといった言葉も日常会話のアイテムとして定着したのであった。

戦争と張り形

マッカーサーも立ち寄る

日本がアメリカなどの連合軍に降伏したのは一九四五（昭和二〇）年八月一五日。八月三〇日にはマッカーサー元帥が神奈川県厚木飛行場に到着し、横浜のグランドホテルに入った。さらに三日後の九月二日、東京湾上の「ミズーリ」号上で降伏文書の調印式が行われ、日本は正式に連合軍の占領下に置かれることになった。

それから六日後の九月八日、マ元帥はグランドホテルを出発し、東京・日比谷の占領軍総司令部に入った。その間、おそらく降伏文書の調印式が行われた翌日の九月三日から東京へ向かう前日の七日までの五日間に、元帥は性の風俗史に記録の残る行動をとった。横浜・桜木町にあるセックス・ドラッグ「あか船」を訪れたのである。

経営者の加茂寛龍は私家本の『あか船の全て』のなかで、その時の様子を次のように述べている。

「いた、いた。確かにマッカーサーだった。写真でおなじみのあの服装で、パイプをくわえ将官を連れ、総勢六人で（商品を）眺めていた。私がおずおずと近寄ってあいさつすると、「セックス・ドラッグとは珍しいね。看板が目にとまったので寄らせてもらった。しばらく見せてもらいますよ」

三十分ほど店にいて、さすがに買い物はしなかったが、機嫌よく帰って行った」

私が「あか船」というセックス・ドラッグの存在を知ったのは学生時代だった。友人数人と横浜へ遊びに出かけた際、一人が桜木町へ行こうといって、この店へ連れて行ってくれたのだ。友人は私たちに「ここがマッカーサーが立ち寄ったセックス・ショップ」と説明したが、私は友人がデマを鵜呑みにしたのだろうと思って、彼の言葉を信じていなかった。マッカーサーといえば占領軍の総司令官であり、当時の日本では天皇よりも偉いとされていた人物である。そういう人がセックス・ショップなどに行くはずがないというのが私の判断だった。現在でも天皇や総理大臣がセックス・ショップへ気軽に立ち寄るということは考えられないに違いない。

この話が事実だったことを知ったのは週刊誌の編集部に所属していた時だった。以来それが日本人とアメリカ人の性に対する感覚の差なのか、そしてそれは日米の感覚の差というだけですべてケリがつく問題なのか、ずっと気になっていた。そういう記憶もあって、「あか船」に取材したいというのはフリーライターになった時からの念願の一つだった。加茂寛龍の息子で二代目の和夫氏にあったのは一九八一年の春である。

初のセックス・ショップ

セックス・ドラッグ「あか船薬舗」が開店したのは一九二九（昭和四）年九月、寛龍が二七歳の時だった。これが公許された日本初のセックス・ショップである。

寛龍は一九〇二（明治三五）年六月、香川県丸亀で生まれた。父親は日清戦争に従軍した元大尉である。寛龍は父親の影響もあって、将来は満州で一旗上げたいというのが少年時代からの夢で、拓殖大中国語科に入学した。

満州では自動車運送屋をやりたいと考え、当時としては珍しい運転免許も取得した。ところが卒業を翌年に控えた一九二八年六月、満州・奉天郊外で張作霖爆殺事件が勃発、満州への渡航が一時禁止された。禁止令が解けたらすぐに渡航するつもりだったが、それまでのつなぎとして、セックス・ショップを開いたのである。中国は性の文化の国だから、セックスの知識を蓄えておくのは邪魔にならないというくらいの気持ちだったが、時代はそのまま満州事変から日中戦争、太平洋戦争へと泥沼の一五年戦争へと突入して行く。寛龍にとって生計費稼ぎと語学の勉強を兼ねて開店した「あか船」が、そのまま本業になったのである。

以来、マッカーサーが来店するまでの一五年余のなかで書き残しておきたいエピソードはたくさんあるが、ここでは戦前と戦中のエピソードを一つずつ紹介する。

中国人は昔から死者のペニスを売買の対象としてきた。死者どころか、もうすぐ死にそうな人がいると中国の商人がやってきて、「亡くなったら死体を自分に売ってくれ」と予約にくるのである。ペニスが逸品かどうかを見て、それに健康状態を判断して値段をつけるのだという。寛龍が直接、売買に関与したことはなかったが、話はなんども聞いたという。

一方、戦局が下り坂に向かった一九四三年か四四年のことだった。相模原（神奈川県）にある陸軍病院から呼び出し状がきた。当時の戦況から、寛龍は「セックス・ショップなんか閉鎖しろ」と命令されるものと思って出かけたところ、軍医大尉が「不能者がセックスができるようになる器具を作ってくれ」という注文だった。戦場から送られてくる傷病兵の中には股間をやられて不能に陥った兵隊が相当数にのぼった。「軍国の妻なんてきれいごとをいっても、これから一〇年も二〇年も夫婦関係なしというわけにはいかんだろう」というのである。

実は寛龍は日頃から、手足をもがれた兵隊のために恩賜の義手や義足があるのなら、陰部を失った兵隊に恩賜の義茎が授けられてもいいはずだと公言していたから、「軍人にしては話がわかるなあ」と感心して引き受けたという。

この時作られたのは「助け舟」と呼ばれる性具で、骨折した時に添え木をするように、ペニスを骨折した骨に見立ててゴムの輪をあてがい、両端と真ん中を固定しようというものであった。これを製作したのも満州事変で陰部の神経が切れたという旧兵士で、性的な欲望とのギャップに苦しんだ末に「あか船」で性具の職人になったのであった。

ただしどれくらいの数が作られていたかは和夫にはわからないという。当時、ゴムは統制品だったから、そのような「ふらちな用途」に使うことはできなかった。大尉がこっそりとゴムを横流ししていたもので、そのことは大尉と寛龍、性具職人だけの秘密であった。

傷病兵の「助け舟」

ところでマッカーサー元帥が来店した後の「あか船」だが、「ボスが行ったセックス・ショップ」だというので、進駐軍の兵士がわんさと押し寄せてきた。彼らの目的はコンドームがほとんどだったが、当時のコンドームは粗悪品が多く、すりこぎのような大きな木型に品物をいちいちかぶせてピンホールがないことを確認していたという。ちなみにピンホールとはコンドームの小さな穴のことで、これがあると避妊の役をなさないのである。

その頃、横浜には米本土から、東京近郊の基地に勤務する兵士の家族が練習艦で定期的に来日していた。彼らは市民の間で「オシメ艦隊」と呼ばれていたが、この艦隊がやってくると、「あか船」のコンドームの売り上げがポンと跳ね上がった。しかしマ元帥のことがあってからはポンどころではなく、店の前にはいつでも三〇〇メートル以上の行列ができる騒ぎになったという。受け取った金も金庫にしまっている暇がないから、店の続きの四畳半に放りっぱなしだった。ある時など、店が終わって疲れ切った寛龍がドル札の上にうずくまって寝ていたほどである。

マ元帥来店の余波がもう一つあった。元帥は「第二次世界大戦を終わらせた男」としてアメリカだけでなく全世界のヒーローだったから、元帥がセックス・ショップに出かけたことは全世界の新聞で報じられた。寛龍は「第二次世界大戦に参戦した国で、あか船に取材に来なかったのはソ連と中国の記者だけだ」と笑っていたそうだ。

その結果、コンドームや性具の注文が殺到したのである。宛先は「アカフネ・ジャパン」とあるだけで、それでちゃんと届いた。外国からの手紙は一か月に一〇〇通はくだらなかった。その中にはお金が同封されているもの、入っていても不足しているものなどさまざまだったが、お金が入っていた分については、たとえ不足していてもちゃんと商品を送ったという。戦後の混乱の真っ最中だったから、送るだけでも厄介な作業だったが、敗戦国の国民だからとバカにされたくないというわけである。一か月も経つ頃にはアメリカ軍の税関の軍人も協力してくれるようになったという。

「あか船」に転機が訪れたのは朝鮮戦争が勃発してからのことであった。

戦争が始まると、B4くらいの大きさの画用紙にペニスの絵を描いて「オレの勃起したペニスだ。これと同じ大きさのペニスの性具を作ってくれ」という注文が急増した。中には画用紙が一杯で、先っぽがはみ出しているのもあった。大きさは大体三〇センチくらいだったという。

アメリカから奥さんや恋人を呼び寄せた兵士や、日本人のオンリーを持ったGIなどは「自分が戦争に行っている間、彼女は自分を待っていてくれるだろうか、ほかの男と浮気しないだろうか」と不安になるらしかった。そこで自分のペニスと同じ大きさの張り形を作って、寂しくなったら、これを自分と思って使って欲しいというわけである。

しかも三日後とか四日後までに欲しいとものすごくせかせたのに、三か月四か月経っても取りに来ない。そういう張り形があまりに溜まったので、寛龍が画用紙の脇に書かれた名前をもとに知り合いの士官に調べてもらったところ、注文した二日後、三日後に出動を命じられ、そのまま戦死したというGIがたくさんいた。まさか戦死したGIの張り形を奥さんのところに届けるわけにも行かないから、お坊さんに頼んで画用紙ともども供養して焼いてもらったという。彼らはキリスト教徒だろうから、最初は教会にお願いしようと考えたが、どう考えてもキリスト教と張り形の供養はピタッとこない。死者の供養に仏教もキリスト教も関係ないはずだと考え直してお坊さんに頼んだのであった。

それが一回だけでなく、二回三回と重なったことがアメリカ相手の商売から転換しようと決心したきっかけになった。そういう形で戦争と結びついていくことが心の負担となったのである。

ただし巨大なペニスの描かれた画用紙が、「あか船」には今でも一〇枚くらい残っている。一九六三年、和夫が店を継いでから整理していた際、押入れから出てきたものである。「あか船」の歴史を語る証拠だなあと思ったら捨てるに忍びなくなったという。

朝鮮戦争については息子の和夫にも心に残っているエピソードがある。「助け舟」という性具のあることを知ったアメリカ軍からその注文がきたのである。和夫は高校生だったが、父親のいいつけで自転車で納入に行ったから、よく覚えているという。ラジオくらいの大きさの箱に入れて運んだから何個納めたかはわからないが、一個や二個でなかったことは確かである。

そして注文が何個あったか以上に和夫には「助け舟」の注文が軍からきたことが印象に残った。戦時中には父の寛龍と軍医大尉、それに性具の職人だけの秘密だった「助け舟」をアメリカ軍は堂々と傷病兵に対する治療の一環と考えていたのである。

総司令官は部下を引き連れてセックス・ショップを冷やかしにくるし、軍は傷病兵のために性具も注文する。これに対して日本では天皇さんや総理大臣がセックス・ショップをのぞきに来ることは考えられず、恩賜の義手や義足はあっても恩賜の義茎は考えられない。

「その違いは無視してもいいくらいに小さなことだろうか」

と和夫はいう。

焼野原のパンパン宿

池袋の闇市

一九四五（昭和二〇）年八月一五日敗戦。それから三か月後には早くも有楽町、上野界隈にパンパンの姿が見られるようになった。彼女たちは焼け跡の石の陰や公園の樹の下で客と関係していた。繁華街は大空襲によって焼き尽くされていたからである。

池袋にパンパン宿の第一号が登場したのは翌四六年の冬であった。後に述べるように屋根から壁面まで全面真っ黒の家だったから、アメリカ兵の間で、通称〝ブラックハウス〟と呼ばれた。場所は池袋西口、駅のホームまで直線距離にして五〇〇メートルくらいのところで、開業時にはその一帯には家が八軒しかなかったから駅からも建物が見えたという。

パンパン宿の経営者は島本広太郎さん。私は島本さんと千代田クラブ（後述）で知り合った。会合で、「戦後世相の生き証人を探している」といったら手をあげてくれたのである。

島本さんは一九一九（大正八）年八月、群馬県館林の近郊で生まれた。実家は父親で一八代という村一番の旧家で、旧制中学を卒業すると東京・小石川の礫川堂《れきせんどう》という本屋の店員になった。礫川堂は樋口一葉とも深い関わりのあったところで、お得意さんには幸田露伴や菊池寛、真山青果などがいた。露伴の家へ注文された本を届けた時、勝手口から声をかけたところ、露伴本人が出てきて「知識の泉を運んでくるのに、どうしてコソコソ裏口からくるのだ、堂々と玄関から入って来い」と怒られ、入り直したという。

二一歳で、元宮内省の式部官だった人の家へ養子に入った。義母に当たる女性は照菊という新橋一の名妓とうたわれた女性で、式部官氏が身請けしたのである。ここでは華族相手に本屋をやっていたという。二八歳で六歳下の女性と結婚。奥さんのおじさんには外務省の役人がいて、マッカーサー元帥が日本に進駐してきた時、通訳を務めた人だった。この女性は名妓上がりの義母が選んだのだが、一方は水商売の出に対して奥さんは女学校出身のインテリ、周りもインテリぞろいだった。何かといがみ合っていたが、敗戦によって、その対立が一気に噴出した。島本さんは奥さんのお腹に赤ん坊がいたこともあって、一緒に養子先を出た。

するとおじさんが「あれだけの名門と財産を姪の為に捨ててくれた」ことに感激して、再出発の資金として五万円貸してくれた。この金で池袋に土地を買ったのである。広さは一〇〇坪、一坪あたり二三〇円だったという。

島本さんはその場所で闇市を開業した。焼け跡から便所のツボや塀に使われていた大谷石を掘り起こしてきて、それを並べて置くだけである。便所のツボが一個五〇銭、大谷石が一〇銭で売れた。池袋の東口に闇市が登場したのはその後のことで、駅前にあった都電の車庫にゴザを敷いて、その上で雑多なものが売られていたというから、島本さんの「店」は池袋の闇市の第一号だった。

島本さんはまもなく食べ物屋に変わった。館林の実家が割に裕福で、うどんやあずき粉を分けてくれたのである。ただし当時は経済統制のさなかで、とくに荒川にかかる戸田橋は埼玉県側から都内へ持ち込む中心とされていたので、警察も橋の両側で目を光らせていた。

そこで島本さんは都内へ肥え汲みに行く百姓さんを雇い入れたという。肥え汲みだけはフリーパスだというので、リヤカーや車力に積んだ肥桶の底に米や小豆、うどん粉を入れた袋を隠し、上からわらで覆って人糞をかけるのである。袋といっても穴だらけだったが、食糧不足のまっさかりだから、少々臭っていても文句をつける客はいなかった。

これが大当たりだった。朝八時半に店を開けると、作っても作っても客が切れる時がなく、二時間もたつとその日の材料がなくなった。うどんや雑炊などのどんぶり物が三〇円で、おしるこが一〇円だったという。おしるこの甘味は、砂糖はもちろんないし、サッカリンもなかったからズルチンが中心、それにサツマイモを乾したものから甘味を取った。

店にはパンパンもたくさんきていたが、あったかい時には店の裏の石置き場で青カンをやってた女たちが寒いので、「おじさん、部屋を貸してよ」といってくるようになった。

これが池袋ブラックハウスの始まりだった。一九四六（昭和二一）年一〇月か一一月のはじめのことである。

畳もない部屋

ブラックハウスの間取りについて簡単に説明すると、玄関を入ると真ん中に狭い廊下があって、左右に三畳の間が八室ずつ並んでいる。柱は田舎から運んだが、カワラやトタンはないからルーフィングという紙にコールタールを塗って、砂をまぶしたものを貼り、間仕切りはベニヤ。それも後には全部ベニヤで仕切ったが、開店当初は間に合わなかったので破れ毛布をぶら下げていたところもあった。畳もないので、コモを敷いて、上に薄べりみたいなものをおいた。全部自分で、しかも一〇日で仕上げたという。

屋根が真っ黒なら、材木も新材と分かると警察の手入れを受けるというので、コールタールをベタベタと塗りつけて、これまた真っ黒。つまり外見は黒一色だったところから〝ブラックハウス〟という名称が生まれた。島本さんがのちに朝霞のMP本部に呼ばれた時、目の前に置かれた書類の一番上に〝池袋ブラックハウス〟とローマ字で書いてあったから、進駐軍は正式にそういう名前を使っていたのだろうという。

当時を振り返って島本さんは「笑いが止まらんとはあの頃のことを言うんだろうね」という。そのもうけ口もいくつかあった。

第一に一六室のうち二室が島本さん夫婦用、一つは女中用、残る一三室がパンパン用で、部屋代が月に三〇〇〇円。パンパンはショート（セックスするだけ）で七〇〇〇円、泊まりは二〇〇〇円取っていたが、その稼ぎも折半だった。女の子が一晩に四〇〇〇円くらい稼ぐとして、一か月の上がりが一二万円。生理休暇もあるし、警察の手入れなどを警戒して休む場合もあるので、実際の稼ぎはその半分として六万円。さらにその半分が島本さんの取り分だったから、それだけで毎月八〇万円近い金が懐に入ったのである。

稼ぎはこれだけではなかった。アメリカ兵は日本円を持っていなくて、支払いはドルか現物でというケースが多かった。

一ドル三六〇円というのが当時の交換レートだったが、兵隊から取る時は三〇〇円という計算である。これを東口にあった闇の両替屋に持って行くと三六〇円で引き取ってくれた。銀座まで持って行けば四〇〇円で交換できたが、帰りに襲われる恐れがあったのでもっぱら東口ですませたという。現物は大半がタバコで、一箱八〇円、一カートンに一〇箱入っているからショート代という訳である。これを駅の東口にあったタバコ屋に一箱一〇〇円で売った。

今は移転したが、当時はブラックハウスのすぐ裏に豊島区役所があった。ここの職員に五〇〇円の酒の配給券一枚と一カートンを交換してやることもあった。五〇〇円券で酒が二升もらえるのだが、これを闇市へ持って行くと何千円にもなったから、別に損ではなかった。

島本さんにとって忘れられない兵隊が二人いる。一人は朝霞のキャンプ所属の将校で、そこのＰＸ（日用雑貨の売店）で働いていた伸子という女性をオンリーとして囲い、ブラックハウスに部屋を貸してくれといってきた。それからは将校が生ビールは運んでくる、余った食料を持って来るわで、チキンバスケットなど食べきれずに近所に配って回るようになった。酒も区役所の職員から回してもらう必要がなくなったので、駅前にたむろする輪タク屋（自転車の後ろか横に客席を取り付けた自転車タクシー）に話をつけて、輪タク屋に九〇〇円で卸《おろ》し、彼らが飲み屋に一〇〇〇円でさばくようになった。

もう一人は陸軍病院のコック長をしていた男である。東京・築地にある映画館の東劇は当時、アメリカ陸軍の専門病院で、彼はそこに勤務していた。デブで呑兵衛で、金さえあれば酒を飲んでいるから女を抱く金がない。そこで休暇になるとジープにどっさり品物を積んでブラックハウスにやってきた。砂糖は一〇キロの袋を二つ三つ、ブタは半身のデカイやつ、ダブルのシーツを十数枚といった調子で、もちろん病院の倉庫からかっ払ってきたものである。

それで三、四日居続けして女性を堪能すると、ご機嫌で帰って行くのだ。その時、日本円で一〇〇〇円か二〇〇〇円くらいを小遣いとして渡すと、「パパさん、今度何欲しい」と聞くので、「毛布くれ」とか「スープが欲しい」と頼むと、次の時車に山積みしてくるのである。

豪快というか傍若無人というか、「こんなにネコババしても気づかないくらいアメリカ軍は物持ち」なのかと思うと、そんな国と戦争したことが信じられないくらいだったという。

一〇代の女の子たち

ブラックハウスに最初にやってきたのは幸子という千葉県の女性だった。三人姉妹の長女で、兵隊の間で彼女の評判がよかったことから二人の妹も呼び寄せ、それからは三人の友達や知り合いが次々にやってきた。パンパン宿で四年間営業し、一〇〇人から一二〇人の子に部屋を貸したが、みんな一五、六歳から一八歳くらいで、二〇歳を過ぎた子は一人もいなかったという。新潟から家出してきた子や浦和か与野あたりの子もいたけど、六割か七割は千葉出身だった。ちなみに客の七割は黒人兵だったという。

その中で島本さんが驚いたことがあった。女たちの中の数人がオンリー（特定の男だけを相手とするパンパン）になったが、それを「出世」と考える風潮があったことである。ある女性が将校のオンリーになった時は、千葉の両親が「うちの娘がアメリカ人に気に入られて妾に出世した」と言って、近所の人を集めてお祝いをした。別の娘がオンリーになった時には母親が娘のところにやってきて、女中代わりに働くようになった。兵隊に誠意を示すつもりだったようだという。良し悪しは別にして、「そういう時代だった」と島本さんは言う。

ブラックハウスが好評だったもう一つの背景として、周辺の警備が厳重だったことも挙げられる。それというのもブラックハウスから直線距離にして五〇〇メートルと離れていないところには巣鴨プリズン（現サンシャインビル）があり、東京裁判で絞首刑を宣告された東條英機などのA級戦犯が収容されていたから、米軍は旧日本軍が奪還に来る事態に備えていたのである。さらに池袋は朝霞や稲荷山のキャンプに属する米兵が休暇を過ごすためにやってくる場所でもあったので、キャンプのMPも大量に配置されていた。このためほかの繁華街に比べると圧倒的に治安がよかったのであった。

こうして四年が経ち、島本家の貯金は七〇〇～八〇〇万円を超えていた。

島本さんがブラックハウスを日本式の連れ込み旅館に衣替えしたのは一九五一年の秋だった。

前年六月に勃発した朝鮮戦争が長期化の様相を呈してきた。ブラックハウスからも多くの兵士が出征し、休暇の兵隊が戦場の緊張を癒しにやってきた。

最初の頃、休暇でやってくる兵士は「歩く札束」のような存在だった。彼らは「トーキョー・エクスプレス」と呼ばれ、休暇は一週間と定められていた。前半の三日間は戦場で精神異常にかかっていないかをチェックし、OKとなれば女を求めてブラックハウスに居続けした。

彼らは一様に日本円で七万円持っていたが、島本さんはこの金を全部吐き出させるために知恵を絞った。先ず女の代金が半分、後の半分を引き出すためにドラム缶の風呂を備えて燃料費がいくら、ウイスキーやビールはいくら、チキンバスケットは……と細かく算定し、残金が出そうな兵隊にはチキンバスケットの代わりにステーキを勧めるなど、様々なアイディアを駆使したという。しかもウイスキーやビールからステーキまで、オンリーを囲っている将校や陸軍病院のコック長がただで運んでくるのだから、正直言って笑いが止まらなかった。

しかし戦争が長期化するにつれて、ブラックハウスの客が手足を失ったり、目をえぐられて戻ってくるような姿は見たくないなと思うようになったのである。島本さん自身は二〇歳の頃、体を壊していたために戦争に駆り出されることはなかったが、池袋の駅前には傷痍軍人が人々の喜捨を求めて路傍に座っていた。その人々の無念さは戦争に行かなかった島本さんにも理解できたから、ブラックハウスの客が同じ姿になるという想像にはやりきれないものがあったのである。

実際には傷病兵は本国へ直接送られていたらしく、島本さんが手足を失ったブラックハウスの客に出会うことはなかったが、脳裏に焼き付いたイメージが消えることはなかった。

島本さんは将校のオンリーだった伸子と年に数回あってはラブホテルでひと時を過ごしている。一〇年ほど前新宿で偶然再会して以来、そんな仲になったのだという。将校が帰国した後、結婚した彼女は三児の母となっていたが、「自分の人生であの頃が一番楽しかった」という伸子の言葉を聞いて、ブラックハウスに関係した人間だけの共感みたいなものを感じたのだという。

テキヤ稼業の旅の空で

軍属として南方へ

有名な奈良の大仏の制作が開始されたのは七四五（天平一七）年、完成したのは七年後の七五二（天平勝宝四）年である。総工費は現在の金で四六五七億円ともいわれ、開眼供養会には発願者の聖武天皇（当時は退位して上皇）、孝謙天皇、光明皇后などのほか一万数千人の男女の僧が参列したと伝えられている。

ただし大仏の制作過程で銅像に塗りつける金を溶かすために、京都の日本海側に住む炭焼き一族の製品が使われたことはあまり知られていない。東北地方から持ち込まれた大量の金は、どの地方の炭をもってしても溶解しなかった。この一族の造る炭は高温を発し長持ちすることを知っていた行基上人の依頼によって、ここの炭が奈良に送られたのだという。

元テキヤで、現在は大阪で土建会社の顧問（社長は息子）をしている岡本新さんはこの炭焼きの末裔である。

岡本さんには歴史との数奇な関わりがもう一つある。

一九二四（大正一三）年、京都の日本海側で生まれた岡本さんは尋常小学校を卒業すると、京都のハモ料理屋へ奉公に出たが、その頃から将来は遊び人になりたいと心に決めていた。奈良の大仏はご先祖さまの炭で出来たという言い伝えは知っていたものの、「いい伝えにすがっていても飯は食えない」というのが兄や姉の教えで、奉公に出る頃には自分でも「いっぱしの暮らしを望むとしたら遊び人しかない」とはっきりと意識していた。

一八歳の時、市内の七条新地という遊郭の娼妓となじみになったが、半年ほど前、彼女が山口県の徳山遊郭へ鞍替えしたので、店をズル休みして訪ねて行った。一九四四（昭和一九）年の暮れのことであった。

ところが遊郭に揚がると娼妓ばかりか客の男までが目に涙を浮かべている。「何事か」と尋ねると、徳山の近くにある潜水艦基地から「昨日、海の特攻が出撃した」という。それも二度目のことであった。

京都では秘密にされていたのかまったく知らなかったが、現地では口伝えに広がって、最初の時も今回も見送りに行った市民がたくさんいたという。それが人間魚雷「回天」だった。

翌日、気持ちだけでも人間魚雷を見送るために岸壁で海を見ていたところ、兵隊らしい男性から「海に漂っている木片がどう流れるか予想できるか?」と尋ねられた。岡本さんが思った通りに答えると、兵隊は「へーっ」と感心し、「お前、水測の才があるな。軍属として南方へ行く気はないか」と勧誘されたのだという。

岡本さんは「水測」の意味も知らなかったが、「どうせ兵隊に行くのなら、海軍の方が楽そうだな」と思って「いいですよ」と返事した。すると数日後、潜水艦に乗せられミンダナオ島の近くの離島に上陸させられたのであった。

「作業というのはゴムの木に太いロープを巻きつけ、それを木が折れんばかりにたわませて、そこに置かれていた魚雷に結びつけるんです。人間魚雷ではなく、文字通りの魚雷です。数キロ先をアメリカの輸送船が通るという情報が入ると、そのスピード、海流の速さ、風の向きなどを考えてゴムの木と魚雷を結びつけたロープを解き放つわけ。

魚雷はサンゴ礁とサンゴ礁の境目に設置されていて、一回めはわりにスムーズに出たけど、輸送船が気づかないまま、その前を通り過ぎてしまった。二度目はスタート時に脇のサンゴ礁にぶつかりぶつかりしながら進んだため、三〇〇メートルも行かないうちに自爆してしまった」

おかげでこの島に日本軍がいると敵に知られ、数時間後に猛烈な艦砲射撃を浴びたという。

「当たったかって？　当たるわけないでしょ。私はろくに海も見たことがない人間だから、海流の速さなんて測れるわけがない。兵隊から質問されて当てずっぽうに答えたら、その場で南方行きが決まったんだもの」

その時、日本軍に猛烈な不信を抱いたという。海の特攻で優秀な軍人を死なせているのに、自分みたいなど素人を訓練もせずに使うなんておかしいと感じたのである。

この魚雷戦法の責任者で、海軍少尉か中尉だった人も「お前は民間人だからここで死ぬことはない。次の潜水艦に乗せるから日本に帰れ」といわれ、岡本さんの南方勤務は三か月あまりで終わりを遂げたのであった。

残飯で大儲け

岡本さんの本領が発揮されるのは敗戦後の闇市でのことである。一九四五（昭和二〇）年春、帰国して博多に上陸すると、ヤクザの一員になった。フィリピンの戦況から日本の敗戦は間違いないと想像して、もっとも安全な身の処し方としてヤクザの道を選んだのである。

敗戦とともに博多の街は日本人ヤクザの組が林立、それに朝鮮人、中国人のヤクザが絡まり合って切った張ったの毎日だったが、岡本さんはその場を避けて、博多郊外の春日原と闇市の並んでいた市内の大浜とをリヤカーで往復していた。春日原には米軍の大規模なキャンプがあり、そこのゴミ捨て場に捨てられた食べ物の余りを闇市に運ぶのである。

この時代、岡本さんは同業者に語り継がれる二つのエピソードを残している。第一にゴミ漁りは大変な儲けをもたらし、ほかの組からも狙われていた。利権争いからどうしても出入りが避けられない情勢となり、岡本さんは出かける際にはいつも水に浸してビショビショに濡れた古新聞を腹部にきつく巻きつけていた。普通、胴巻とは木綿の金入れを指し、江戸時代の旅人が道中で所持金を盗まれないために腹部に巻きつけていたことから、こう呼ばれる。だが当時のヤクザ用語では銅でできた腹巻と誤解され、実際に銅製の腹巻を巻いたヤクザが多かった。銅巻だから日本刀や短刀で襲われても大丈夫だろうという訳である。しかし岡本さんはフィリピンの離島にいた時、「日本に帰れ」といってくれた将校から胴巻が日本刀や短刀の突きに弱いことを教えられていた。闇市で短刀を持った敵が体当りしてきた時、古新聞の腹巻きは見事に敵の短刀を食い止めたのである。

もう一つのエピソードとは闇市で知り合った女性と関係ができたことである。彼女は福岡市郊外にあった中小炭鉱の炭住（炭鉱夫のための簡易社宅）にすむ主婦だったが、大浜の闇市へ買い出しに来るうちに闇市で羽振りを利かせる岡本さんに惚れたのである。彼女のことは「キノさん」と呼んでいた。

関係ができてからは岡本さんが炭住街へ出かけて、亭主が採炭に出た後、家に入り込んで関係していた。しかし炭住のすぐそばにボタ山（採炭した後の石炭のカス石を積み上げたもの）があり、ボタはまだ熱を持っていたので、山の下に「コ」の字状のコンクリートの壁が設けられ、水を入れてお湯として使われていた。そこはいつも混浴で、炭住街の娘や亭主が働きに出た後の主婦で賑わっていたから、岡本さんが入湯すると女性の方から誘ってきた。

そのことに嫉妬したキノさんは「私は身売りして芸者になる。その金を亭主に手切れ金として渡すから、あなたは芸者置き屋に会いに来て」というや数日後には実行したという。身売りした金は確か二〇〇万円だった。

キノさんの話はこれで終わらない。キノさんの部屋は置き屋の二階で、そばに電柱があったから、岡本さんは電柱を伝って彼女の部屋に忍び込んでいた。

ところがある日、置き屋の女将に呼ばれた。

「あんたがいるとキノの前借金は増えるばかりだから、あんたは彼女と切れてわしの男になれ、一回ごとに三万円ずつやる」

というのである。こうして岡本さんは週に一回（時には二回）、豪華な食事と彼女を味わった上に三万円ずつもらっていたのである。

このことを知った組の兄貴分が「女をオレに譲れ」と迫った。すると女将は「お前のチンポを見せてみい」とタンカを切った。兄貴分がペニスを引っ張り出すと、「こんなもんで、わしの男になるつもりか」といって裁《た》ちばさみを持ち出したそうだ。

岡本さんがテキヤに転向したのは、博多にプロレスの力道山の道場ができてまもなくのことであった。将来は一匹狼のヤクザを目指した岡本さんは、そのためにケンカに強くなりたいと考えてこの道場に入門したのだ。それまでもケンカの腕と度胸には自信があったが、さらに磨きをかけたいと思ったのである。力道山を実際に見たことはないが、横綱を引退してプロレスに転向した東富士が代稽古に来ていたというから、当時の記録と照合すると一九五六年から五七年頃のことと思われる。

力道山道場で江口という男と知り合って意気投合、江口とその仲間である星野と三人で、テキヤとしては全国に知れ渡っていたG一家に身を寄せることになった。これがヤクザからテキヤへの転身のきっかけだった。江口と星野がすでに一家に身を置いていたせいもあって、ヤクザ映画に出てくるような入門の儀式は一切なく、いきなり五万円ずつ渡されて自分たちの才覚で稼いでくるように告げられたという。

ただしいくつかの基本は教えられた。その一は北海道にいようが四国で稼いでいようが、本部には毎月なにがしかの金を送金すること。第二は理由のつくケンカで警察に逮捕された場合は、本部から地元のテキヤに仁義を通して警察から身柄を引き取ってもらうが、例えば強姦などの犯罪は一家の名をおとしめるものとして援護なし。それどころか強姦罪で服役した後帰郷した男が行方不明になった例もあり、山の中に埋められたという噂が立ったという。

岡本さんらがしのぎ（稼ぎの手段）にしたタバコを使ったトリックは九州のテキヤの間で「タバコ屋」といわれるものだった。九〇センチ四方くらいの台の上に一〇本入りのピースの箱を三つ並べ、そのうちの一個には裏にマークが付されている。この箱を星野が両手で何度か行き来させ、マークの付いた箱がどこにあるかを当てさせるものだ。星野は左右の親指と小指を器用に操りながらタバコの箱を動かした。しかも一瞬だけ「目にも留まらぬ早技」で移動させることができた。岡本さんは何度も目の前で演じてもらったが、結局見破ることができなかった。

これに対して江口はいわゆるサクラ、隣りに座った男に「こっちだ、いや、そっちかな」などといいながら相手を誘い込む役である。

では、岡本さんは？　といえば、一〇メートルほど離れた物陰に潜んでいる役であった。儲けた男がホクホク顔で通りかかったところを、物陰に引っ張り込んでボコボコに叩きのめし、男が手にした金を取り戻すのである。このしのぎでは最初は客に勝たせることが肝要で、客の盛り上がりを判断しながら、小刻みに勝たせたり、一度にどーんと勝たせたりした。それで有頂天になった男から大金を吐き出させるのが岡本さんの役回りであった。

しのぎはタバコの箱を自在に操る星野の指さばきと、周辺を巻き込む江口の演技力、それに岡本さんの手際のよい荒技の三要素からなっていたが、最初の一年は三人の息を合わせるために、日本海側のあまり目立たない祭りや温泉地の外れなどを稼いで回った。初夏に山口県の下関からスタートして、一〇か月後の翌年二月に秋田県の能代まで北上したという。真冬の秋田県でテキヤが稼げるものか疑問に感じたが、小さな商人宿には数人の泊まり客があり、それもいない場合には旅館の女中などを誘えば、宿泊代くらいは稼ぐことができたのだ。

利点がもう一つあった。商人宿の女中さんには男が好きで、この商売を続けているという女性が時おり見られた。その土地ごとというわけではないが、三日に一度というくらいの頻度では出会ったという。実は星野と江口は同性愛者で、旅先でも二人でごそごそやっていたが、岡本さんは二人の行為をのぞいては呆れていた。だから男好きの女中に出会った時も仲間割れの心配がなかったのである。

軍艦島での失敗

春先に九州へ舞い戻った三人組は稼ぎ場を北九州に散在する中小炭鉱とすることを決めた。筑豊炭鉱だけでも一五〇くらいの中小炭鉱があり、鉱夫たちは危険と背中合わせの仕事だけに気分転換の酒や遊びも派手で、テキヤの稼ぎも多かった。石炭が「黒いダイヤ」と呼ばれていた時期はやや過ぎていたが、その分、殺人・傷害などあちこちで頻発していたトラブルも目に見えて減少していた。「これからの二年くらいは金を残そう」と、岡本さんたちも稼ぎの多い炭鉱を目指したのである。

名高い長崎の軍艦島にも行ったことがある。当時の島の人口は約五〇〇〇人。独身の鉱夫だけでなく家庭持ちもあり、小学校や中学校のほか日用品を商う店やバーなども備わっていた。一〇人くらいの遊女がいる遊郭まであったという。しかし遊郭についていえば、それだけの女性では間に合わず、島の休日には本島から臨時の船が出て売春婦が大勢で一夜稼ぎに押し寄せた。そういう女性が二四、五人、長崎ばかりでなく、大村あたりからも出稼ぎにきていたという。

岡本さんたちも彼女たちと一緒に島に渡ったが、「タバコ屋」と知った女たちは乗船する前からクスクスと笑っていた。三人は自分たちが笑われているらしいとは感じたものの、その理由は分からなかった。しかし上陸して数時間後、その意味をイヤというほど思い知らされることになった。

三人は直ちに「タバコ屋」を開き、客の炭鉱夫も存分に集まった。岡本さんも身を隠すにふさわしい場所を見つけて星野や江口からの合図を待つことになった。

最初の頃は客に適当に勝たせて場を盛り上げて行った。少し離れた場所に陣取っていた岡本さんも彼らが満足顔で帰る姿を見送っていた。ところが客に取られる回数が増え、しかも賭け金をどんどん釣り上げられたのである。テキヤとしては客の挑戦を拒否することはできない。あっという間に持ち金が底をつく緊急事態となった。その状況は岡本さんにも分かっていたが、勝って帰る鉱夫を襲撃しようにも、相手側は複数で、しかもそれぞれに刃物をちらつかせながら通っていくので手が出せないのである。

結局、数時間後には三人の一年分の稼ぎに匹敵する借金が残り、客に借用証書を渡す破目になってしまった。その時わかったのだが、島には星野や江口などをはるかにしのぐプロの「タバコ屋」が一〇人ほどいた。なぜテキヤが鉱夫をやっているかといえば、彼らも島へ稼ぎに来た時、プロの「タバコ屋」の仕掛けにはまって借金せざるを得なかった。その借金返済のために働いていたもので、事情を知らない「タバコ屋」が島に上がってくるたびに集団でワナを仕掛け、そのワナが決まるごとに一組ずつが鉱夫稼業から抜けていたのである。

岡本さんたちも半年以上島で鉱夫として働いた。テキヤの世界でそんなことがあるとは夢にも思わなかったが、鉱夫仲間になって知った話では離島の炭鉱ではザラにあるケースだったという。

「ケンカに強いだけでは遊び人にはなれんなあ」

その時、しみじみと実感したそうだ。

博多へ戻って間もない頃、もう一つの大きな出来事があった。博多駅のホームで、入院していた傷病兵を東京まで送っていく国立病院の看護婦と知り合ったのである。体の片方が大きく欠けた兵隊や両眼をなくして治療を続けていた兵隊は終戦から一〇年以上過ぎてもまだ残っていた。彼女はようやく動けるようになった彼らを借り切った車両に乗せて東京まで送り、向こうの関係者に引き渡す役だったが、岡本さんは愛くるしく、てきぱきした動作に一目惚れしたのである。岡本さんは彼女の勤め先を教えてもらい、博多へ戻ってきた彼女に猛烈にアタックして、ついに結婚することを承諾させた。

ところが岡本さんを紹介するため、大分の実家に二人で出かけたところ、いかにもヤクザ然とした岡本さんの立ち居振る舞いに、お兄さんが「お前は脅されているのではないか。もしそうなら、俺が命に代えてもお前を守ってやる」といった。その言葉が岡本さんの耳にも届いたのだ。

「彼女を幸せにしないと男の沽券《こけん》に関わる」

そう思った岡本さんはテキヤから足を洗い、大阪で土建屋を開業していた義理の兄のもとで働くことを決意したのであった。

現在、岡本さんの息子が経営する会社は下請けだが、本州と四国を結ぶ橋の一つの橋脚工事を担当するほど成長している。

愚連隊という戦後派

学生愚連隊

愚連隊という言葉が誕生したのは明治時代だが、社会に定着したのは太平洋戦争の敗戦直後のことであった。敗戦によって天皇制というそれまでの絶対的な価値観が崩壊し、民主主義と呼ばれる時代が到来した。この価値の逆転についていけなかった若者たちがやけっぱちになったか、自分の力だけしか信じられなくなったとして、セックスと暴力三昧《ざんまい》の日々を生きるようになった。それが愚連隊であり、このグループには学生が多かったことから学生愚連隊と呼ばれたが、その後学生という冠詞が省略されることになったのである。

東原春さんは学生愚連隊の一員として生きてきた人物である。

「あの頃のナンパの仕方って簡単だったよなあ。これはもう、話すことがないくらい簡単。〝今日、遊ばない？〟それで一丁上がりだもの。あたしがそういう生活をするようになったのは高校二年の時だから一九五二（昭和二七）年のことで、ちょうど戦後愚連隊の真っ盛りの時期だったけど、女には不自由したことなかったね。

東京・新宿駅の四番線ホームが番長（愚連隊のリーダー）たちのたまり場で、学ランにトップズボンという学生愚連隊のユニホームを着たワルたちが用もないのにウロチョロしてるの。その姿を柱の陰や隣のホームからチラッチラッと眺めている女の子が必ずいて、当時は〝ハネっ子〟と呼ばれてた。今は教師なんかに反抗する子は「突っ張り」と呼ばれているが、その頃は男女ともに「ハネる」っていってたんだ。彼女たちは顔に自信があると同時に、半グレの若者に憧れるという点でも共通していた。

その子らの中からいい腕時計をはめている子、いい靴を履いている子に〝ちょっと、ちょっと〟と声をかけて新宿南口の旅館に連れ込むわけ。なぜ腕時計や靴かって？　そりゃあ旅館代として置いてもらうためですよ。だってあたしらは文無しだもの」

当時、腕時計はステータスシンボルとされていたし、女性にとって高級な革靴も憧れの対象だったから、旅館でもそれなりの値をつけてくれたのだ。

旅館に行く場合、ついてきた女が一人でも男は二人で出かけた。男が一人だとうたた寝したり、トイレに行った間に女性が腕時計をはめて、靴を履いて帰ることがあるからだ。二人なら男が交代しながら数回できるし、連続性交を経験した女性は腕時計や靴を出すことを拒絶したことがほとんどなかったからである。ちなみに旅館代は休憩で三〇〇円、泊まりが倍の六〇〇円で、近くのドヤ街なら休憩で五〇円だったが、学生愚連隊は女の子の金で遊んでいるくせに見栄っ張りだから、ドヤ街を使ったことはなかったという。女学生が二人付いてくる場合もあった。その場合、旅館では腕時計や革靴の前払い分として酒まで付けてくれたそうだ。

東原さんは一九三六（昭和一一）年四月、東京・高円寺で生まれた。先祖は徳川家康が駿河（現静岡県）から江戸に進出してきた時に、彼に従ってきた材木商であった。祖父はある有名な出版社の創業者の一人で、父親は生命保険会社の重役だった。華族との付き合いもあったという。

ところで東原さん自身は敗戦の時に九歳だったから、「価値の逆転に絶望して」愚連隊になったわけではない。ただ食べ盛りの少年はとにかく腹をすかせていて食べる物が欲しかった。敗戦直後、東原さんはよその家の玄関脇に干してあった革靴を盗んで新宿の闇市に持って行ったところ、親父が銀シャリ（白米のご飯）を大きめの茶碗についで食べさせてくれた。店は屋台のおでん屋と同じ仕掛けで、突っかい棒をはずすと屋根の半分がたたまれ、裏側は通行人から見えなくなった。そこに置いてあった大きな石に腰をかけて、塩を振っただけの銀シャリを食べたのである。

それからはよその庭に干してあった洗濯物を盗んだり、自転車の荷台に載せてあった雑誌類を失敬して闇市へ運ぶなど精力的に動き回った。新宿までの電車賃がない日には貨物列車の連結部分に飛び乗ることも覚えた。当時の貨物列車は石炭不足からか、高円寺あたりから新宿にかけてスピードを落としていたので、少し運動神経にすぐれた少年なら簡単に飛びつくことができたのである。

こうして闇市にどんなものを持ち込めば銀シャリにありつけるか、あるいは銀シャリに塩鮭の切り身をつけてもらうにはどうすればいいかなどの知恵を体得していった。東原さんのすばしこさを見込んだ闇市の店主は、ゲタの片方を持ってくるだけでも銀シャリを食べさせてくれたという。

吉原の女衒のところへ

闇市で処世術を身につけた東原さんは周囲からも注目される存在となり、中学二年か三年の頃には同年代の取り巻きも二、三人いた。自分からケンカの術を身につけようと思ったのも、女を経験したいと思ったのも同じ頃である。そしてケンカの面でも女の面でも急速に腕が上がって行った。

「最初に女を吉原に売ったのは一九五三（昭和二八）年だった。値段についちゃ覚えていないなあ。その次に売ったのは一九五五年だけど、あの時は記憶してますよ。あの時は一年で八人くらい身を沈めさせたから。いや、もうちょっと多くて、一〇人は超えたかも知れないね。すでに売春防止法のことがいろいろやかましくなっていたので、相当なタマでも二万円でした。三万円の値が付いたのが一人だけいたけどね。ただ、ああいうとこはヤクザさんと関係あるでしょ、直接売りに行くと、そういうとこへの挨拶なんかが厄介なので、三ノ輪にいたダチ（友人）のとこへ持ってく。こいつが吉原の女衒してたから。だから奴がどれくらいピンハネしてかは知らない」

最初に売ったのは新宿の映画館でモギリをやっていた子だった。東原さんが一七、その子は一五。その映画館に行ったら、その子がパーッと目を輝かせて「タバコを切らしていないか」とか「どんな酒が好きか」などと聞いてきた。東原さんにはまったく記憶がなかったが、街中でケンカをしたり、タンカを切っているところを見て憧れを抱いたらしいという。東原さんによると「自分でいっちゃ身もふたもない話だが、あの時分のあたしはいい度胸をしてたし、タンカも歯切れよくスパッと決まってたからね」ということであった。

「で、二日目か三日目に〝遊びにくるか〟って声をかけたら、そのまま付いてきて、その夜から同棲ですよ。でも金がないでしょ。一〇日くらい経ったところで〝ひと苦労してくれ〟といってオートン（自動車）で三ノ輪（吉原遊廓の隣り）へ運んじゃった。泣いて泣いてねえ……あのね、女郎にされるのがイヤだってんじゃないの。きっと身請けに来てくれというんだ」

女の子を売る売らないは何を基準に決めるのか。第一は自分たちが金に困っていたかどうかだが、困っていない時でも売った女性は何人もいる。その分岐点は自分のいいなりになるか、ならないかだったという。だからみんなで楽しかった、明日もやろうねといった時、黙っている子は翌朝そのまま返すが、「ふん！」という表情を見せたり、「冗談じゃないよ」と反発した子は「何をこの女！」ということになるのだそうだ。

「売る時も、そのまま吉原へ持っていくんじゃないよ。三日間くらいあの手この手で、それこそひっきりなしにセックスするんですよ。すると女性は頭がしびれるというか、思考能力を放棄しちゃうというか、ものすごく素直になる。その時に因果を含めると、素直にこっくり……まあ、そんな按配ですね」

ある時、東原さんは女の子を都電で三ノ輪まで連れて行ったことがある。愚連隊の知恵で、女を売る時はオートンでということが鉄則とされていたが、どうしても車の都合がつかなかったのだ。

その女性は千葉方面でも五本の指に入るような有力者の娘で、プロポーションも抜群だった。千葉で女ボスとして名を馳せていたが、新宿へ遊びにきて東原さんのワルぶりに魅了されたのだ。ただし「東原さんの女」になるのではなく、「東原さんを自分の男にしよう」という姿勢がはっきりしていた。その態度が「カチン」ときたのである。

ところがお客さんがいっぱい乗ってる都電の中で、彼女が突如、「あたしは体は売っても心は売らないからね」とタンカを切った。自分の置かれている状況に、ハッと気づいた彼女が吐いた捨てゼリフだった。お客さんは汚いものを見るようなまなざしで東原さんを見つめていたが、東原さんは恥の汗をいっぱいかきながら、彼女のことを「カッコいいこというなあ」と感心しながら見ていたという。

このエピソードには続きがあって、女性はすぐに実家によって吉原遊郭から救い出された。

その後、彼女のタンカが忘れられなかった東原さんは実家を訪ねて、いっしょに住まないかと誘った。彼女は一晩、東原さんと過ごした後、「あれは青春の思い出として取っとくわ」と答えたという。

ヤクザに狙われて

女性を売り飛ばすことにいつもいつも成功していたわけではない。売り飛ばした女性が一二、三人、売り損ねた女性が三、四人。売り損ねた話にはまたそれなりのエピソードが付いている。

「ある女が〝あんたの女になりたい〟といって来たことがあった。その女は元ボクシングの日本チャンピオンだった男の情人《いろ》だったんだけど、当時のボクサーといえば、顔も鼻も歪んでるようなのが多かったし、元チャンピオンといってもそん時は引退してトレーナーになってたから、あんまり風采が上がらない。何となく不満を抱いていた時に、新宿で私のことを見たらしいの。で、鼻もひしゃげてなくて、あれだけタンカを切れるならってんで、乗り換えようとしたわけ。一か月ほどして、女に〝オレのためにひと苦労してくれ〟と言ったら、そん時は素直にコックリしたんだけど、寝てる間に急に女郎にされることが怖くなったんだね。で、前の男に電話で助けを求めたわけ」

翌朝、トレーナーと現役のボクサーがすっ飛んできた。現役の方は東原さんを殴ってまもなく日本チャンピオンになった男で、要するに殴ることにかけては日本で一、二を争う二人に二時間以上殴られたのであった。

「あたしはサンドバッグ代わりですよ。顔はお岩の幽霊、体は一夜にして黒人並みに変色しちゃったね。寝込みを襲われてやばいと思ったあたしは布団にくるまって、できるだけガードしようとしたことは覚えてる。でも気が付いた時にはその様ってわけよ。その時分には今の女房とすでに同棲していて、女には妹ということにしてありました。女とやる時には女房に〝ちょっと遊びに行って来い〟とか〝こっちを向くな〟とかいって始めるんだが、女房がいうには体中が腫れ上がって、布団をかけても痛がったということでした」

別の時にはドスを抜いた七、八人のヤクザに取り囲まれたこともある。その時は普段は三ノ輪の女衒のもとへ届けるはずの女を、手違いがあって向島へ直接運んだ。地元を仕切っているヤクザのところへ行って、「自分は新宿の××組のものだが、この女を沈めたいので了解してほしい」と、ちゃんと仁義を切ったという。筋を通さないと女は売れないし、こちらもヤクザだといわないと女だけ取られて金をもらえないから、××組の名前を勝手に使ったのである。前に一人だけ三万円の女がいたといったが、それがこの女性であった。

ところが売り払って三〇分後、この女性が逃走した――。

「あのね、女に因果を含める時、逃げるのはお前の甲斐性なんだから逃げてもいいよとはいってあるの。だから逃げた女はほかにもいるけど、短くても三か月くらいはお客を取ってからのことで、身を沈めて三〇分後ってのは向島の遊郭でも初めてじゃなかったの？　向島のヤクザさんにすれば面目丸つぶれって訳で、新宿のヤクザさんとの間に一触即発の状態になり、あたしらがオートンでひょこひょこ帰ってきたら、組の名前を使った奴はどいつだってんで、若い衆が血相変えて走り回ってた、そいつらに囲まれちゃったんだ」

東原さんが名前を使った組の中には東原さんの顔も名前も、女を売っていることも知っているヤクザがいたが、取り囲んだ七、八人の中にその男はいなかった。助かったのはその偶然のおかげだったと東原さんは確信している。

ちなみに放免されるや否や新宿からトンズラして、群馬県から新潟県を放浪した。行く先々で地元の愚連隊にケンカを売りながら宿賃などを稼ぐのである。ケンカの力量のまったくわからない人物を相手に押し売りのケンカを仕掛けるのだから、それはそれで、愚連隊ならではの醍醐味であったという。

ヒロポンとエロ写真

ところで敗戦後の世相を象徴するものには闇市のほかにヒロポン、ガリ版刷りのエロ本、エロ写真などさまざまなものがある。東原さんとその仲間はこれらのすべてを自分たちで製作・販売したが、ガリ版刷りのエロ本については東原さんがストーリーを考案し、高校の新聞部の友人にガリ版を切らせたという以外に、さほどのエピソードがあるわけではない。そこでここではヒロポンとエロ写真についてのみ紹介する。

ヒロポンは敗戦直後に爆発的に流行した興奮剤で、戦時中、特攻隊が出撃する際にもこれを射ってから飛び立ったといわれる。戦後は疲労回復に効果があるとか、性的な高揚感が得られるという説が流布され流行に拍車をかけた。

しかし東原さん自身、セックスの快感が高まるという噂につられて一日に五〇本、六〇本のヒロポンを射ち続け、あげくの果てにヒロポン中毒になったが、セックスの面でまるで役に立たなかったことが断言できるという。ヒロポンを射つと体中がカッカ、カッカと火照ってくるのに対して、ペニスの方は冷水を浴びたみたいにしょぼくれてくるのである。焦ってさらに量を増すと、そのズレがさらに大きくなってくる。

ただ頭の中は確かにスーッとしてくるが、それは冷静になるのとは違った感覚で、単純になるだけだという。東原さんによれば、特攻隊が出撃する際にヒロポンを射ったというのも結局、体が火照って来る分恐怖感が薄らぐためであり、愚連隊の間で総ゴロをまく（集団で喧嘩に行くこと）際の景気付けとして歓迎されたのも同じ理由によるものだったのではないかという。

一方、作り手としては愚連隊の仲間に東京医科大の学生がいたので、ヒロポンの原料とそれを詰めるアンプルを大学の実験室から盗んできて、新宿のお好み焼き屋の二階で、せっせと密造に励んだ。ヒロポンの原料にはチクロパンとネオ・チクロパンの二種類があり、ネオ・チクロパンの方が効果的といわれていた。東原さんらが盗むのはそっち専門である。ヒロポンを作ることは簡単で、原料のネオ・チクロパンをアンプルに入れて口をガスで熱し、キュッと閉めるだけ。当時はガスを確保する方が困難だった。お好み焼き屋をアジトにしたのも店を閉めた後、ガスを借りることができたからであった。

ただし期待した儲けにはほど遠かったという。原料の保管に問題があったのか、アンプルの口を締める時に何かのコツが必要だったのかはわからないが、「効かないから金を返せ」という苦情が相次いだのである。「そんなバカな」と思って自分で試したところ、本当に効かなかったという。

エロ写真については東原さんが新宿駅の四番ホームでモデルの女性を調達し、南口の旅館に連れ込んで新聞部の友人に撮影させた。一人の女学生がセーラー服を脱いで全裸になり、マスタベーションをするシーンから男女一組のセット、男一人女性二人、その逆、さらには多人数による乱交パーティーなど様々な組み合わせを製作した。

この世界は競争が激しく、新宿の東口と西口を合わせると一〇組以上の業者がしのぎを削っていたが、「モデルの新鮮度」とオリジナル・プリントという点では絶対の自信を持っていたという。業者の中には二〇代、三〇代の女性にセーラー服を着せている例もあり、こっそり売られているエロ写真を複製して売っている業者もいた。むしろ複製品の方が多かったのではないかという。しかし東原さんの場合はその場で調達した女子高生を、その場でモデルにしているのだから新鮮そのもの、しかも発売するたびに別の女子高生をスカウトしていたから、オリジナル・プリントという点でもほかの業者の追随を許さなかったのである。

料金は一〇枚一セットで五〇〇円、茶色の封筒を半切りにした袋に入っていることではほとんどの業者が共通していた。ちなみに一九四七年頃、大阪・梅田でも一〇枚五〇〇円、茶色の封筒を半切りにした袋に入れて売られていたという。

ただしこちらの方も三年目くらいには撤退することになった。理由は東原さん自身がヤクザから命を狙われる破目になったから続行不可能になったこと。エロ写真売りは路地裏の狭いところで、「面白い写真があるよ」などと気を引きながら売りつけるのが常道なのに、東原さんたちは通りがかりのサラリーマンを捕まえて半ば押し売りしていたから、グループそのものが顔を覚えられて敬遠されたのである。

「四十八手」を刷り込んだエロ写真が出回って爆発的に売れたのはエロ写真売りを止めた半年くらい後のことであった。

夫婦交換の輪を広げた人

官能小説家に体験レポートを提出

スワッピング（夫婦交換）は戦後の性風俗を象徴する一つである。実は日本では記紀（『古事記』と『日本書紀』）、『万葉集』の時代から連綿と伝承されてきた性の習俗であったが、明治の近代化以降、妻を交換してセックスするとは獣にも劣る振る舞いと見なされて封じ込まれた。それが太平洋戦争の敗戦によってよみがえったのである。

戦後のスワッピングは花田高夫さんによって切り開かれてきた。

私が東京・蒲田で電化製品の販売店を営む花田さんを初めて訪ねたのは一九八〇年頃だった。ただしこの販売店は世をしのぶ仮りの姿で、店は閉店状態。花田さんは川上宗薫氏や富島健夫氏など「官能小説」の大家と呼ばれた作家たちに、自分の特異な体験をレポートとして提供して、それによる収入で生活を賄っているようだった。

最初に取材に出かけた時、びっくりしたことが二つあった。一つは川上氏と富島氏とでは作風も好みも違うが花田さんは川上氏向け、富島氏向けとエピソードを書き分けていたことである。それもガリ版刷り（謄写版刷りともいう）というコピー機が登場する以前、昭和二〇年代に行われていた方法で仕事をこなしていた。

花田さんによると、一回のスワッピングの体験の中には、小説にしたら何作分にも当たるエピソードが詰まっているためネタに困ることはないという。後で登場してもらうセックス・メート氏も川上宗薫氏と親しく、小説の題材としてやはりエピソードを提供していた。当時は官能小説の全盛期といわれていたが、そのブームはスワッピングのマニアたちによって支えられていたのだ。

第二の驚きは、花田さんが原稿を作っているかたわらで取材をさせてもらったのだが、どこからともなく、女性のあの時の声が漏れてくる。私はそれが気になって仕方がなかった。すると花田さんが「ああ、今妻が後ろの部屋でプレイの最中です」といった。私が座っていた後ろに畳一枚分くらいある頑丈そうな板戸があり、そこから官能の声が漏れ伝わってきたのである。

「妻は二人の相手をするくらいの体力はありますから、終わりましたら下川さんどうですか」と勧められたが、遠慮させてもらった。

花田さんは山口県の生まれで、戦後すぐ、瀬戸内海航路の貨物船の船員になった。大阪―下関間を三日から四日かけて回り、港々に日用品を運搬する小さな貨物船だったが、物不足の折から積み荷をほんのちょっとくすねて女性にプレゼントするだけで、日々新しい女性が体験できた。

おかげで奥さんとの仲がご無沙汰になり、奥さんが不満らしいことはうかがえた。ところがある時、後輩の若者と浮気させようと、ふと思い立ったのである。若者は見習い船員として同じ船に乗っていたが、その時は別の船の正式な船員になっていた。年齢は一八か一九、体格はよし、ハンサムで、何度か家でご馳走して、奥さんも「感じのいい若者」と好意的だった。

それから数日後、花田さんはこの若者に「八時頃に家に飯を食いに来い」と誘った。その時、自分はいないが遠慮はいらない。妻にモーションをかけてまんざらでもなさそうだったら、そのまま関係していいとも伝えた。若者の方でも妻に好意を抱いていることを知っていたのだ。

その夜、花田さんは夕食の前に早々と布団を敷いて、妻に笑いかけた。「食事の後にセックスしよう」という意思の表示だった。しかし途中で、急用を思い出したように装って外出し、庭の裏側に回り込んで二人の成り行きを見守っていた。花田さんの思惑通り、若者は妻ににじり寄って抱き合い、ついには布団を敷いた次の間へ移ってきた。

その瞬間、花田さんの心に異変が起こった。庭の端っこからそっとのぞいていたが、二人の行為に感動してしまったのである。

「嫉妬もあるでしょう、性的な刺激もあるでしょう。しかし私は世の中にこんなに美しい光景があるのかと思ってしまった」

これをきっかけに、花田夫婦と若者の三人による3Pがスタートした。その意味で戦後の性風俗の大きな柱であるスワッピングは山口県から起こったのであった。

この3Pによって変わったことがさらにあった。花田さんは船員を辞めて、下関市内で喫茶店を開業したのだ。利益はもちろん大事だったが、大きな目的は客の中から夫婦交換を持ちかけても大丈夫そうな紳士（できれば淑女も）を探そうというつもりだった。

それから六年、七、八人のスワッピングの仲間ができ、その中には女性も混じっていた。それぞれに口が堅く、秘密が漏れることもなかった。

その反面、花田さんにも奥さんにも心中には不満が溜まっていた。夫婦交換を積み重ねた結果、夫婦の仲も性的な楽しみも大いに増した。しかし下関という小さな街で、これ以上仲間を増やすことは不可能に思われたのだ。

「東京へ出て、もっと夫婦交換の輪を広げたい」

そう決心した夫婦は一九五二年六月、二人は上京した。

テレビ出演の反響

最初の一年、二人は二つのことに取り組んだ。第一は生活の手段としてガリ版切りの内職をすることだった。妻の泰子さんが下関の造船所に勤めているときに知り合ったが、会社のガリ版切りを一手に引き受けるなど、その道ではプロ並みの腕だった。泰子さんはすぐにガリ版切りの内職を見つけたので、花田さんも泰子さんの手ほどきで、その技術をマスターしたのである。まだまだコピーのない時代だから、テクニックを覚えたら仕事に困ることはなかった。これが前述した「花田レポート」の原点になる。

難題は次の方にあった。すなわちスワッピングの相手探しである。

上京した時、生活のために花田さんが普通のサラリーマンになることも考えたが、それでは上京する意味がないと思ってやめた。しかし東京は意外なほどサラリーマン社会で、そのつながりがないと、どうやって仲間作りをしたらいいのか見当も付かなかった。

それから間もない頃だった。花田さんは当時、性科学者として絶大な人気を誇っていた高橋鐵に手紙を出した。実は田舎にいる頃、週刊誌で高橋の存在を知って、自分が実行している夫婦交換について記した手紙を出したところ、「大変珍しい話だから、もっと詳しいことを知りたい。東京へ来ることがあったら、ぜひ訪ねてきてほしい」という返事をもらっていた。その手紙にすがろうと思ったのである。

このことが花田さんの人生を飛躍的に発展させることになった。

「私が高橋先生に手紙を差し上げたら、ぜひとも会いたいという返事がきました。ご自宅を訪問したら大いに喜んでいただいて、先生が主宰されていた日本生活心理学会にも即座に入会させてもらいました」

日本生活心理学会は当時、最大の性研究グループで、画家の東郷青児や作家の野坂昭如、映画監督の大島渚などが名前を連ねていたほか、春画・春本のコレクターから女一千人斬りを達成した男性、盗聴マニアなど様々な趣味人がずらりと顔を揃えていた。その場に居合わせた人々のざっくばらんなことも驚きだったが、その日のおしゃべりが高橋氏が編集長を務めていた『あまとりあ』という雑誌に掲載されると、いきなり交際志望の手紙が三〇通以上舞い込んだのである。

お互いに相手のことをよく知ってから交際を持ちかけていた田舎の時代と違って、雑誌で応募してくる人々は種々雑多だった。花田さんが恐れていたのは現場の写真を撮影して、それをネタに脅してくるというケースだったが、数回の顔合わせで「この人々は秘密をバラすような人々ではないな」という確信を得た。ただし応募者の中で本物の夫婦はわずか一組、付き合いのあるキャバレーのホステスなどが事情を知らないまま付いてきた例がほとんどであった。

こうして一〇年、花田さんは一〇〇組以上の夫婦の夫婦交換を仲介してきた。それがパイオニアの務めと思っていたからである。仲介役というのは気を使う仕事で、お互いの相性だけでなく、スケジュールやデートの場所まで調整してやることが必要だ。だから待ち合わせの場所まで出向き、四人がラブホテルへ入るところまで見届けてから帰ってくるのが普通になった。それでも行き違いによるトラブルが絶えず、その尻拭いはすべて花田さんのところへ持ち込まれた。

いっぽう、自分たちも一〇〇組以上の夫婦交換を経験してきた。同じカップルと何度も繰り返したことも多いから、延べ回数ではゆうに五〇〇回は突破する。もっとも多い例では三二回という夫婦もあり、二〇回以上の夫婦も七、八組いるから、あるいは一〇〇〇回を超えているかも知れない。

そしてその頃から、花田さんはヘア（陰毛）のコレクションを実施するようになった。スワッピングの相手の女性から記念として陰毛を四、五本ずつ分けてもらい、それをご主人の名刺の裏に貼り付け、女性の名前を記入しておくのである。

コレクションを始めたのは「自分だけの生きてきた証が欲しくなった」からという。スワッピングそのものがきわめて特異な世界だが、それは社会から見た評価であり、自分にとっては慣れ親しんだ趣味である。だから自分だけの確証を得たかったのである。

この間ちょうど一〇年、「自分の義務は果たした」と考えた花田さんは、たまたま東京12チャンネルテレビ（現テレビ東京）から依頼があったのをきっかけにテレビ出演に応じた。放映は一九七五年八月二五日、これが爆発的な話題を集め、テレビ局は二日間にわたって電話機能が麻痺する騒ぎになった。そのすさまじさに「スワッピングは自分の興味とはまったく別のものに化けた」と感じたという。

ガリ版刷りの「花田レポート」の製作に集中するようになったのはそれからのことだった。ガリ版刷りという古典的な方法に固執したのも、自分の個人的な生き様の反映であることを心に留めておきたいという思いの表れであった。

ところでスワッピングの草創期については、もう一人触れておくべき人物がいる。『全国交際新聞』（後の『ホームトーク』）の創設者、津川幸三さんである。

一九六一年頃、青森から東京へ向かう列車の中でエロ週刊誌を見ていた津川さんは、読者のページの片隅にあった二、三行の記事に気が付いた。そこには「私の妻とセックスしてみませんか」とあり、電話番号が記されていた。この文句に惹かれて電話をかけたが、その電話に出た相手が花田さんだった。

ただし二人ともお互いに相手のことをまったく覚えていないという。私は花田さんとは四、五回、津川さんとは二回会った。その時も確認したが答えは同じだった。他に事情があったのかも知れないが、二人とも相手のことにはまったく触れなかった。

いずれにしろこの時の経験が津川さんを夫婦交換の世界に誘い込む引き金になった。しかも二人の方向性は見事なほど対照的だった。花田さんはあくまで自分たち夫婦を中心とした私的な交際機関という基本形を崩さなかったが、津川さんはこれを組織化したいと考えたのである。

津川さんにとって、その第一歩は「とにかく信頼できるパートナーを増やす」の一言に尽きた。仮に組織化に成功しても、警察から売春組織としてマークされることは目に見えている。それを少しでも防ぐには信頼できるパートナーが必要だったのだ。『全国交際新聞』を発刊したのは一九七一年六月だったが、準備期間中にそういう夫婦を三〇組（あるいは五〇組だったか）くらい確保したことが大きな経験になったという。ゆすりたかりが目的で接近してくる輩は防御できると確信できたからである。

ちなみに最初、津川さんは一人でスワッピングに参加していたが、二年がかりで奥さんを説得して夫婦で実践するようになった。奥さんは「夫が自分と離婚する口実を探している、それならそれでやってやれ」という覚悟でのったという。しかし一〇年後、『全国交際新聞』を発刊した時は周辺の人々の目にも二人三脚の仲と映っていた。

こうして日本にスワッピングの時代が到来した。

その後、いくつかのライバル誌も登場して、スワッピングが新しい性風俗として定着した頃、津川さんはスワッピングの常連だったゴルフ場経営者に誘われて、関東地方の名門クラブの支配人に転職したと伝えられる。

ゲイバー文化の始まり

新宿二丁目

東京・新宿二丁目がゲイ、女装マニアなどのメッカであることはよく知られている。一説によるとこの界隈に集まるゲイバーの数は約四〇〇店とも、それ以上という見方もある。

その新宿二丁目に最初のゲイバー「蘭屋」をオープンして、ゲイバーのメッカとしての開発に尽力してきた人物が前田光安さんである。当時はゲイバーという呼び名はなくて、ホモバーとか「一見さんの店」と呼ばれていた。花柳界では初めての客のことを「一見さん」と書いて「いちげんさん」と呼ぶが、その世界では「一見さん」は「いっけんさん」と呼ばれていた。語源ははっきりしないものの「一見して、それらしく見える」というところからきたらしいという。ただしここではゲイバーという用語で統一する。

前田さんは一九二四（大正一三）年一月に東京で生まれた。一九四八年、兄が渋谷・宇田川町に「蘭屋」という純喫茶を開店、前田さんも店を手伝っていた。甘味といえばサッカリンと呼ばれる人工甘味料が普通だった当時、「蘭屋」では店の名義人がフランス人だったせいもあって、本物の砂糖をふんだんに使い、現代の喫茶店と同じようにシュガーポットに入れて、「お好きなだけどうぞ」といって出していたという。このため店は大繁盛で、映画俳優の森繁久彌も常連の一人だった。コーヒーのほかおしるこやぜんざい、生菓子と抹茶のセットなどもあった。ちなみに料金はおしるこが五〇円、ぜんざい七〇円、生菓子と抹茶のセットは一〇〇円。都心の一等地の値段が一坪六〇〇〇円から七〇〇〇円という頃だから、どれくらい高かったかも想像される。

前田さんがゲイの世界にのめり込むことになったのもこの年であった。当時は日劇ダンシングチームが大変な人気で、この公演を見に行ったところ、両方の壁から後部まで男たちがびっしり、芋の子を洗うとはこのことというくらいの入りだった。ところがラインダンスが始まると、前から横から後ろからいっせいに股間に手が伸びてくる。びっくりしてトイレに逃げたが、ここは客席以上に押し合いへし合い、トイレの前の壁には大人の手が入るくらいの穴があり、向こうから大人がじっと股間を見つめている。用を足そうとすると右から左からペニスに触られた。「もう、どうにでもなれ」という気になったのがそもそもだったという。

「蘭屋」が渋谷から西銀座へ移転したのは一九五〇年である。銀座教会からやや松屋デパートよりに入ったところで、一階はカウンターにテーブルが二つ、二階は全部客席でテーブルが五つという、一、二階合わせても一〇坪足らずの店である。

移転と同時に前田さんは兄から店の実権を任されるようになったが、その頃の「蘭屋」は外人相手のパンパンに人気があったという。東京広しといえども、本物のコーヒーに本物の砂糖をつけて出す店はここしかなかった。「こういう味を知っている女は高級に違いない」として、客が女性に金をはずんでくれたからだ。

「蘭屋」をゲイバーに衣替えしたのはそれから半年後のことであった。その頃、東京には銀座に「ブランスウィック」、新宿に「夜曲」、「イプセン」、渋谷に「新大和」といったゲイバーがあり、「ブランスウィック」は作家の三島由紀夫のごひいきの店、「夜曲」は庶民的な雰囲気で知られていた。「ブランスウイック」は一階が普通の喫茶店で、二階がその筋用のスペース。床にはコーヒーの豆ガラが敷き詰められ、壁には大きなベースがかけられていた。それが素晴らしく洒落た雰囲気だったという。「夜曲」は現在新宿駅前にある「アルタ」ビルの隣にあったが、マスターが歌舞伎役者上がりの粋な小料理屋という感じで、「おネエ言葉」でしゃべっていた。また「イプセン」は寄席の「末広亭」の近くにあり、この二つの店も対照的でかっこいい店だったという。

前田さんが喫茶店をゲイバーに衣替えさせたのはゲイの仲間から「やいの、やいの」と催促されたからである。それというのも庶民的な「夜曲」でさえ、ビール二本にお通しが付いて五〇〇円、つまりちょっと店に入れば都心の一坪分に近い金が消えてしまうのだから、若者たちが気軽に通うというわけには行かなかった。

前田さんとしては喫茶店の経営は安定していたし、時には親や親戚もコーヒーを飲むために立ち寄ったので、自分がゲイであることは極力隠しておきたかったが、仲間たちの圧力に背中を押されたのである。

「蘭屋は最初からゲイバーだったわけではなく、仲間が〝夜七時からだけやればいい〟というので、七時になると〝本日貸し切り〟という看板をかけていました。ドアから窓まで全部にカーテンかけてね。ところが毎晩、七時からは貸し切りになっちゃったんで常連さんは離れて行くし、反比例して一見さんが猛烈な勢いで増えてきて、半年も経つ頃には二階の床が抜けるのではないかと、毎晩本気で心配したくらいでした。ちょうど朝鮮戦争が始まった頃です」

同じ頃に大流行したものにカクテルがあった。前田によるとカクテル・ブームもゲイバーが震源地だったという。

「あの頃、バーでカクテルが大流行したでしょ。スクリュードライバーとかピンクレディーとか……カクテル・グラスはかっこいいし、酒の色もきれいだから、センスあるように見えるんです。女にすればこういう男に抱かれたいという気にもなるだろうし、男の側でも花言葉を通して〝あなたを抱きたい〟という意思表示も可能ですから、非常に洒落た会話でした。あの流行もゲイバーから始まったんですよ。ゲイにもキザな人がいてカクテルしか飲まないってのもいましたよ。そういう人が一様に注文するのが〝青い珊瑚礁〟というカクテル。これは濃いブルーのリキュールがベースなんだけど、そのグラスを目の前においいて、〝僕の心はこのカクテルのようです〟といわんばかりに、じーっと物思いにふけっているわけ。あなた、アブサンて知ってる？　ウオッカよりもうんと強くて、マッチで火をつけると青い炎がボーッと燃え上がるの。あれを注文する人もいたね。アブサンを飲む人は〝青い珊瑚礁派〟とまた違って、〝オレはこんなに強い酒を平気で飲み干してんだぞ〟ってことを強調したいわけ。男としての強さをアブサンに託して表現していたんですよ。

ゲイが絶対に嫌ったカクテルが〝ピンクレディー〟でした。われわれの世界は自分の中にある女性的なものをものすごく意識することから始まり、人によってはそれに溺れ、あるいは無理に押し殺して男らしさの世界を作って行きたいというのだから、われわれの店にきて、いきなり〝ピンクレディー〟なんか注文する人がいると、それまでカラッとしていた店の雰囲気がたちまちじとーっとしたものになってしまう」

ただしカクテルを介したキザなやり取りは男と女のセックスだからこそ必要な手続きであって、男同士のセックスではそんな見栄はいらないとしてゲイバーではすぐに消えたという。ゲイバーではビールとジンフィーズとコークハイがあれば事足りたそうである。

ジャン・マレーの来店

「蘭屋」が再度、新宿へ引越しをしたのは一九五四年のことであった。場所は新宿三越の裏、第一劇場という映画館の隣りであった。新宿三越は現在「ユニクロ」と「ビックカメラ」の共同店舗である「ビックロ」という店になっている。

銀座の「蘭屋」は経営がうまく行っていなかったわけではない。むしろ三島由紀夫や江戸川乱歩などが常連として顔を出していたほか、その周辺には七、八軒のゲイバーもオープンして、ちょっとしたゲイ街が出現しつつあった。

しかし成功するにつれて、前田さんには銀座のゲイ街の持つ気取った雰囲気が鼻持ちならないものに感じられるようになった。ゲイというのは本質的に気取り屋だが、同じ気取るにしても新宿には微笑ましいものがあり、芝居っ気たっぷりの銀座族とは違っていた。その点が前田さんの感覚にフィットしたのである。

新宿移転のポイントとして第一劇場という映画館の隣りという立地条件も大きな要素であった。当時は映画館自体がハッテン場（ゲイのたまり場）で、第一劇場も名所の一つと目されていたし、周辺には小さな映画館が密集して、それぞれがハッテン場になっていたからである。

この時代の最大の思い出は世界的な俳優のジャン・マレーがフランスの女優と店にきたことである。彼は「美女と野獣」、「オルフェ」などの映画に出演、世界的な詩人であるジャン・コクトーの愛人といわれていた。マレーによると、ニューヨークに行ったら東京のゲイのガイドブックがあって、それに「蘭屋」の名前が載っていた。自分もその一人だから、素晴らしい日本人とぜひベッドをともにしたいというのである。一九五六年か五七年のことで、何の前触れもなく、いきなりやってきたという。

「あの頃は外国人に憧れてゲイになる子も多く、外国人専門の子を外専と呼んでいました。

店にいた客の中でも自分が、自分が……という若者がいっぱいいたけど、彼が気に入ったのは一八、九歳の美少年タイプの子でした。ところがこの少年は外国人の金色の産毛を見ただけでも鳥肌が立つというくらい外国人が嫌いだったから、世界のジャン・マレーをあっさり袖にしちゃった。するといっしょに来た女優がからかい半分に慰めているの。私にはジャン・マレーほどの有名人が〝私はゲイだ〟とオープンにすることも驚きだったけど、二人の軽い調子にはもっとびっくりして、日本と外国では社会の出来がまったく違うんだなあと、しみじみ思いましたね」

「蘭屋」が新宿二丁目に移転したのは一九五八年九月であった。ところが翌五九年四月、皇太子と正田美智子さんが結婚。その式の様子を見るためにテレビブームが起こり、これが経済の高度成長の引き金になった。さらにオリンピック景気、列島改造の建築ブームと〝奇蹟〟のような好景気が続き、それに伴って新宿二丁目にはゲイバーが増えて行った。売春防止法の施行（一九五八年四月）以来、遊郭のあった二丁目界隈は火の消えたような寂しさだったが、そのことがゲイバーの進出にとっては好材料となり、店を買い取って改装したのである。そのうちの一〇軒近くは前田さんが「新宿で店を開かないか」と誘ったり、開店の相談にのった店だった。

女装バーが林立するのは昭和四〇年代の後半からで、その過渡的な存在として着流しバーも各地に登場した。着流しで、薄化粧した男性がサービスするもので、いわゆる〝おネエことば〟を使う店が多かった。

その頃のことで、前田さんが忘れられないできごとが二つある。一つは社会的に流行していたダンスがゲイの世界にも及んだのであった。

「はっきりいって男の性的な反応って隠しようがないわけでね、ダンスを申し込まれて好きなタイプだったら股間の方が正直に応えてしまうわけですよ。逆に好みじゃなければ何の変動も起きないから相手も黙って引き下がる。話の糸口をあれこれ探すよりはるかに楽だし、トラブルも起きない……ダンスを申し込まれたら一回は付き合うというのがわれわれの世界のエチケットとされていますが、ゲイの世界がここまで広がった大きな要因の一つだったと思いますね、ダンスの流行は」

第二の思い出は警察にいじめられたことである。実は前田さんは新宿二丁目に店を持つ前に、新宿三越裏から新宿二丁目に近い要町に移転していた。その界隈にもゲイバーが点在していたからである。ライバルが近くに集まっていることは、商売にとって不利より有利に働くことが多いことがわかっていたせいもあるが、警察にいじめられた時にゲイバーが一致協力することを夢見たからである。

「警察にいじめられたこと？　これはもう忘れようたって忘れられません。とにかく手をかえ品をかえて、いろんないやがらせをされましたものねえ。例えばお客さんから〝ビール〟という注文があったとします。経営者としてはビンのままポンとおくわけには行かないから栓を抜いてコップにつぐでしょ。これが過剰サービスと言われて警察に出頭を命じられるんです。久しぶりに見えたお客さんに〝元気でしたか〟といって握手したら、それがいかんというので呼び出されたこともありました。始末書を書かされるんです。〝いかがわしいサービスはしません〟って意味のことを。別にいかがわしいことはしていないといいだすと余計にいじめられる。今まで一か月に一回くらい刑事がやってきてたのが一〇日に一度くらいになってね。しかもお客さんの名前をいちいちチェックされるんで、どんなに悔しくても黙っていいなりになるしかないんです」

もっともひどかったのは東京オリンピックの前の一年間で、刑事が「日本の恥だからオリンピックまでに一掃してやる」と公言していたという。

「これは団結してことに当たらないと路頭に迷う」と前田さんは本気で考えた。

そして刑事のその一言が新宿二丁目に店を持ち、他の業者と協力し合うことを決心させたのであった。

「業者の組合を作ったのはオリンピックの二か月くらい前でした。東京睦友会という名前で、新宿のゲイバーの経営者が三〇軒くらい集まりました。もっと早く結成したかったんだけど、警察から余計にいじめられるんじゃないかとか、親もとや家族へ連絡されるんじゃないかといった心配がいろいろあってできなかったんです。ゲイであることを家族に告白できずに黙ってやってるとか、家出してこの世界に飛び込んできたって人も、結構いましたからね」

一九七〇年の大阪万博の際にも同じようなことがあった。その頃、東京睦友会は有名無実化していたが、前田さんが再び組織化して警察に自ら出向くようにしたという。前回はいじめられた時に励まし合う程度だったが、それではいつまでたっても事態は改善できないと考えたからである。この時は女装バーをのぞいて七〇店か八〇店が参加した。

以後、急カーブで増え続け、一九八〇年代に入るとゲイのメッカといわれるようになったのであった。

究極の解放はスワッピング

エレベーターの中で

山村不二夫さんは新幹線の停まる地方都市に住む会社経営者で、地方財界の中心的な存在である。街には国際会議場を備えた一二階建てのホテルが建っていたが、そのホテルの大株主の一人でもあった。待ち合わせの場所に指定されたのはホテルの最上階にあったバーで、時間は日曜日の午前一〇時、山村さんの配慮で閉店時間に特別に入れてもらったのである。

会って一時間ほど経った頃だった。「お話はおすみになったの」といいながら三〇代後半の女性がバーに入ってきた。ずば抜けての美人ではないにしろ、十人並みははるかに超えた女性であった。

この女性がくることは打ち合わせの最初の時から知らされていた。山村さんと彼女たち夫婦はスワッピングの付き合いを始めて七年、亭主に「奥さんを借りるよ」と電話すれば

「ああ、楽しませてやってね」という返事が返ってくるような仲だという。私の取材の申し込みに、山村さんは「スワッピングの話だからスワッピングの現場でやったほうが理解が早いだろう」といって、三人でのプレイを持ちかけられていたのである。

ただしその申し出を、私ははっきりと断っていた。私は風俗ライターとして、いわゆる「変態」と呼ばれる人々にできるだけたくさん会いたいと願っていたが、「スワッピングのマニアを取材するにはスワッピングを経験すべきだ」ということになったら、もしも猟奇事件などを取材することになった場合にはどうなるだろう？　というのが私の思いだった。

もっとも、いわゆる〝3P〟（スワッピングの世界では三人で行うプレイをこう呼んでいた。四人なら4Pである）は断ったものの、彼女にインタビューができることは大歓迎であった。なぜなら「彼女はオナニーが好きで、エレベーターの中でオナニーしながら一階に着くまでにイクんですよ」と聞かされていたからである。私にはエレベーターの中でオナニーをする女性というのがまったく想像できなかった。自分の手の届くところにその実行者がいると思ったら、大いに好奇心をそそられたのである。もちろんオナニー・マニアあるいは露出症の女性がどういう存在なのかという興味もあった。

初対面の挨拶から雑談を重ねるうちに、彼女がスカートの上から陰部に触れ始めた。その様子にはどことなくわざとらしい感じが漂っていた。それを見た山村さんが、

「そろそろ下川さんにあんたのオナニー・シーンを見てもらおうか」

といった。すると彼女はいきなりスカートをたくし上げ、私に陰部が見えるように広げ

ると、二本の指で陰部の両脇を刺激し始めた。最初からパンティーははいていなかったのだ。

私はその場面をあっけに取られる思いで見つめていたが、彼女は一分と立たないうちに、その行為を中断して歩き出し、数メートル先にあったエレベーターのボタンを押した。

それから一階にたどり着くまでに起こった出来事は、これまでに体験したことのない異次元のショーだった。

三人が乗り込み、山村さんが一階のボタンを押すと、彼女は早速左手でスカートの端を持ち上げ、もう一方の手で、いわゆる「土手」の部分をさすり始めた。時々は陰部にも指を差し入れている。スカートの片端は山村さんが持ち、彼女の陰部が私に見えやすいように広げている。

この風景に、私は大学生の頃に初めて見たストリップの「特出し」以上に興奮した面持ちで見入っていた（と思う）。少なくとも、もしもエレベーターが停止して、他の客からこの場面を目撃されたら弁解ができないという点で、スリルを感じていたことは確かである。

エレベーターはスーッと下降し、陰部に差し入れた彼女の指の動きも速くなった。口も開いて吐息が漏れている。

と三階で停止して扉が開き、向こうから花嫁姿の若い女性と留袖の付き添いらしい中年女性が乗ってきた。

その途端、私たちはサッと平常心に戻って、すまし顔で「おめでとうございます」と祝いを述べ、お嫁さんも付き添いの女性も「ありがとうございます」と丁寧に答えた。二人は二階で降りて行ったが、降り際には向こうから丁重に挨拶され、私たちも厳粛な表情で「お幸せに」と声をかけた。後から振り返っても、社会の常識にのっとった、きちんとした対応だったと思う。

しかしドアが閉まった途端、三人とも爆笑してしまってオナニーどころではなくなった。自分の人生を振り返っても、あれほど笑いこけたことはなかったように思う。結婚式というもっとも厳粛な性の儀式と、エレベーターの中でのオナニーという、下品でわいせつな行為がぶつかり合った時の落差の感覚には、言葉の領域を超えた激烈なものがあった。

一階まで降りてから気づいたのだが、このホテルは結婚式場も備えていて、三階が花嫁の控え室兼着付け室、二階が披露宴の会場になっていた。控え室も宴会場も三組揃っているという。ロビーの案内板には、この日が日曜日の大安吉日で一〇組以上の挙式予定が記入されていた。

しかも、これだけでは終わらなかった。私の期待に応えられなかったことを、二人は申し訳ないと感じたらしく、「もう一度、チャレンジしてみよう」ということで、最上階のバーに戻った。缶コーヒーを飲みながら世間話をするうちに、彼女が再び陰部に触り始め、さらに立ち上がった彼女の後から、私と山村さんは再度エレベーターに乗り込んだ。

ところがエレベーターはまたもや三階で停止し、先ほどと全く同じ場面が繰り返されたのである。本当にＶＴＲを見ているように同じ風景だった。

セックス・メート氏

山村さんの実家は江戸時代以前から続く名家で、徳川家康から拝領した「辻が花」という日本で最高級の織り物が伝えられていることで知られている。保存状態がいいので「辻が花」がテレビや美術展で紹介される時には、実家のものが使われることが多いという。

戦後は地方都市の旧家に養子に入り、家業を繁栄させた人物であった。その地方でも経営手腕は広く知られており、商工会議所の会頭や市会議員などに推す声も多いが、政治面の活動には一切関わらず、ひそかにスワッピングに情熱を傾けてきた。私はスワッピング雑誌『ホームトーク』の編集部から紹介してもらったのだが、当時の山村さんは燃え広がる野火のように浸透しつつあったスワッピングの中心にいた人物であった。

どうしてスワッピングにのめり込んだか、その理由は戦時中の体験と深く関わっていた。京都の私大を出た山村氏は英語が堪能だったことから、昭和一九年の初めに通訳として南方へ派遣された。任官した時は少尉だったという。

しかし「鬼畜米英」に対する憎悪の念に満ち溢れ、おまけに戦局が不利になる一方の南方では通訳とは敵のスパイと同義語のように扱われた。ある時は暗がりで木材で後頭部を殴られ、一か月以上入院したことがある。それ以後、拳銃を肌身離さず所持していたが、それでも捕虜収容所での所用をすませて戻ってきた時、どこからともなく鉄砲の弾が飛んできたこともある。

戦後間もなく、養子に行った山村さんは進駐軍との折衝に古武士の覚悟で臨んだ。アメリカ人に対する態度が一八〇度変わった日本人に嫌気がさしていたのと、実家が旧士族であったから、養子先でも「実家の名を汚したくない」と決心したのである。そしてその姿勢が進駐軍の信頼を得ることになり、家業の発展に大いに寄与することになったのであった。単純に売り上げだけを比較すれば、山村さんが養家の経営を引き継ぐ前と後では売り上げが五〇倍にはね上がり、持ち歩く名刺は三種類あった。

山村氏は私が知り合った時、経営者のかたわら年間三〇回～四〇回のスワッピングを経験するという大ベテランとして知られていた。スワッピングの際には「セックス・メート」というプレイ・ネームを用いていたが、この名前はスワッピングの世界の象徴といってもいいほど知れ渡っていた。

古武士の覚悟からスワッピングとは精神の大転換のように感じられるが、その点については「実家からも戦争からも、その他諸々から自分を解放したかった」と聞いたことがある。

ところで私は山村さんと知り合って以来、東京・日比谷の帝国ホテルに七回か八回宿泊したことがある。といっても一流ホテルに泊まった回数を自慢したいわけではない。その間に実は一睡もしたことがない。その理由も同氏との付き合いにあった。

山村さんは地方で会社を経営する一方、東京に本社のある大企業の大株主で、年二回は定期的に上京していた。一回は株主総会の時だったが、もう一回は知らない。いずれも会社の方で帝国ホテルに部屋を準備していたから、よほど重要な用件があったのだろう。その際、山村さんはホテルにダブルベッドの部屋を注文して、私はそこに呼ばれて行ったのだった。

その理由は山村さんは自分のスワッピングの記録をビデオで欠かさず撮影していたが、過去半年間の記録の中から、自分で「これは！」と思うプレイを編集して、私に鑑賞させてくれたのである。それが半年に五、六本、時間にして一〇時間分くらいにまとめられていた。私は一睡もしないでそれらのビデオをチェックし、プレイそのものの意外性や女性のユニークな反応などをメモっていたのであった。

エクスタシーに達した女性が、ベッドからピョンピョンと空中に跳ね上がる場合があることを知ったのも、深夜の帝国ホテルであった。オカルト・ブームが起こった時、空中浮遊という言葉が盛んに用いられたが、その光景はまさに空中浮遊そのものであった。それも一回や二回のことではなく、五分に一回くらいのペースで十数回も連続していた（あるいは二〇回を超えていたかも知れない）。この時山村さんは家電製品のマッサージ器で女性の陰部を刺激していた。

空中浮遊とは対照的という点で記憶に残ったのが、山村さんと関係しながら「えーん、えーん」と泣き続ける女性である。いわゆる絶頂感の表現として「泣く」のではなく、幼い子が駄々をこねているような、あるいはケンカに負けた悔しさから泣くような遠慮のない泣き声である。こちらは山村さんが特製のリングをペニスに装着して関係していた時のビデオということだったが、どうしてそういう反応になるのか、これまた見当もつかなかった。私は帝国ホテルでビデオの画面を見ながら、「性の奥行きの深さを自分は何も知らないまま齢を取って行くのだろうな」と何度も考えたものである。

三、四年経った頃、同氏から信頼してもらったらしく、ビデオが自宅にまとめて送られてくるようになったため、帝国ホテルの深夜鑑賞会も終わりを告げた。

一方、あの「事件」がきっかけで彼女ともなじみになり、オナニーの方も山村さんと彼女が別のスワッピングのために上京した時に、新宿のホテルで見せてもらった。ただしこちらのエレベーターはあまりに客の出入りが激しいので、二人が宿泊している部屋でのお披露目となった。

彼女には申し訳なかったが、あれだけ激烈な体験をした後では、部屋の中でのオナニー・シーンは何となく物足りなく感じられた。彼女も同じ思いだったらしく「あの時やっちゃえばよかったね」ともらしていた。

山村さんから「スワッピングのビデオや写真など自分の持っている資料を引き取ってくれないか」と連絡があったのは、私が今の住まいに引越してひと月も経たない頃だった。引越し屋から「新しい部屋には二トントラック一杯分の資料は収納できません」といわれていたから、必死で処分したばかりだった。

「どれくらいありますか」と尋ねたら「運送屋の見積もりで二トントラック四台分」という答えが返って来た。私は山村さんの資料庫にも入ったことがあったから、貴重な資料が詰まっていることは容易に想像できた。山村さんによると「私のビデオは君が一番見ているし、相手の女性の顔も知っている。ビデオも写真も公開していいし売ってもいいから、その前に女性の顔が映っていないか確認してほしい」というのである。自分でも二年かけて一巻一巻チェックしてきたが、ひょっとしてチェック漏れがあるかも知れない。自分の人生の決算として、そういう形で女性に迷惑をかけることだけはなんとしても避けたいというのであった。

私は申し訳ないが断った。二トントラック四台分の資料を収納するスペースは、私ごとき貧乏ライターでは不可能だったからである。申し訳ないという思いと残念という思いは今でも消えることがない。

二．風俗ライターは見た

巷に生きる女たち

世田谷の女

テレビ・タレントのインタビューと違って、私が接してきた世界は素人の男女が相手だったからインタビュー謝礼を要求されることはまずない。相手を自宅へ訪ねるときなどにお礼の菓子折りなどを持って行くことはあっても、金銭を要求されたことはなかった。ところが「取材謝礼としてラブホテルへ付き合って欲しい」と求められたことがあった。それも背後から交わって欲しいと極めて具体的な条件付きであった。三〇年に及ぶ風俗ライターの生活でも、ラブホへ行くことが取材を受ける条件というのは初めてである。そういわれると断ることが沽券にかかわるような気になったものであった。

この女性、柏木光恵さんはスワッピング雑誌の『ホームトーク』編集部から紹介された一人であった。

柏木さんは東京・世田谷にあるかなり大きな病院の老人病棟に勤務していて、役職は介護助手とされていた。ただしその頃、介護助手という正式な役職が存在するわけではなかった。老人の中には八〇歳を超していても、さらに痴呆症を発症している男性でも、若い看護婦にいきなり抱きついてきたり、ベッドに押し倒して性的な欲望をとげようとするケースがしばしばあった。当然ながら七〇代となるとその危険性ははるかに増大する。中には思い通りにならないと、いきなり窓から飛び降り自殺を図ろうとする例もあった。当時は夜になると、そういう恐れのある男性をベッドに拘束することが普通に行われていた。

拘束具で患者の自由を奪うことは人権問題だという意見は当時から盛んだったし、関係者の間でもまるでハリツケみたいな処置に疑問を抱く人は多かったが、ではどういう解決策があるかといえば、現実的に有効な策は見当たらなかった。

そんな時、柏木さんが呼ばれて相手の男性に存分に体を触らせ、乳房に手を差し入れてくる老人にもなすがままに任せていたのである。時には柏木さんの陰部に触れたり、逆に柏木さんに自分のペニスを触らせる老人もあったが、しばらく相手のいうままにしていると、おとなしくなったという。

仕事の中身が中身だから、正式な職名として認められていたわけではない。後に説明するような事情から病院が便宜的に設けたものであった。

どうしてそこまでするのか。
「私は男性に五日も接していないと血圧が二〇〇まで上がってしまうんです。性的な関係が持てれば一二〇台で正常、関係がなくても男性と体の接触があれば一五〇くらいで抑えられる」

だからこの仕事が血圧降下剤の役を果たしていたのだそうだ。

一方、かかりつけの医者から血圧降下剤ももらっていたが、この医者と大病院の院長が懇意で、さらに医者は『ホームトーク』誌から原稿を依頼されたことがあった。その結果、柏木さんは介護助手という仕事とスワッピングの相手の両方を紹介されたのである。

ところで柏木さんによれば、この体質はある男性によって刷り込まれたものだったという。彼は韓国人で、一〇年と少し前、同じ会社に勤めていて知り合った。柏木さんより四歳年下だったが、その愛し方は極めて特殊だった。先ず家に帰ったら、炊事・洗濯から風呂掃除まですべて自分でこなし、柏木さんには何もさせなかった。しかも料理の腕は超一流だったという。ただ帰宅すると、すぐに柏木さんを入浴させ、風呂上がりにはいつでも柏木さんの体を見ていたいといって全裸でいるように願った。

特異なことの第二は、柏木さんのために細かいヒダのプリーツスカートを作って出勤の時にはかせていたことである。このスカートにはヒダの一部に縫い目のない個所があって、電車の中でそこから手を差し入れて痴漢のまねごとをして楽しんでいたという。その日は帰宅後、後背位で関係することが多かった。

ところが一九八五年の秋に彼は韓国へ行くといって、突如姿を消してしまった。それまでの生活で、彼が一九八〇年五月に韓国で勃発した光州事件で積極的な役割を果たしていたらしいことは察していたが、柏木さん自身は政治にまったく興味がなかったから、何でそうなったのか見当もつかなかった。この年にソウルで学生が決起する事件があり、そのことと関係があるらしいとは思ったが、それとて根拠のある想像ではなかった。

それからまもなく柏木さんは体の変調に気がついた。寝汗をかいたり、何でもないのに血圧が上がったりするのである。世界がぐるぐる回り、まともに立っていられない。医者で血圧を測定したら二五〇という数値が出たこともあった。あまりに極端な数値に「発作が起きたらコロリと逝きますように」とそれだけを念じていたという。

ところがある時、電車の中で本物の痴漢にあった。その日は朝から体調がすぐれなかったが、スカートの中に手を差し込まれ、陰部にまで触れられながら、スーッと血圧が下がるのが実感できた。その瞬間「自分の体には彼との日々の記憶が染み付いている」と自覚したのである。

『ホームトーク』誌を知ってからは病院勤めのかたわら、時おりスワッピングを楽しんでいる。さらに看護婦の寮に一室をもらって介護助手として正式に勤務している。若い女性看護師は老人から体を触られることを嫌う。それがイヤで仕事を辞める例もあるし、拘束具も欠かせないものとされていた。老人がそういう状況になったとき、柏木さんが出向いてなだめるのである。

仕事の内容から夜勤が多いが、夜勤でない日でも、夜の八時か九時頃までには寮に戻って、病棟からの緊急な呼び出しに備えるようにしている。最初は軽蔑の目で見ていた若い看護師からも頼りにされ、自分でも「この仕事は自分にしかできない天職」と思って満足している。

ところで取材謝礼の件だが、渋谷の喫茶店における取材を終えた私は、約束通り柏木さんと渋谷・円山町のラブホテルへ行った。ただしその夏は観測史上に残る猛暑が続いて、ホテルの部屋に入ったら温度計が四〇度を超えていた。あわてて冷房のスイッチを入れたもののまったく効かない。マネージャーに部屋を替えてくれといったが、満室でどうにもならないとの話である。

とうとう二人して笑い出して、柏木さんから「あなたとはご縁がないようね」と宣告されてしまった。

柏木光恵さんはその後、元恋人を探すために韓国に渡ったと『ホームトーク』の編集部から聞いた。有力な手がかりをつかんだと連絡があったという。

ゴールデン街の女

新宿のゴールデン街にあったその店に入ると、女性がいきなり内側から鍵をかけた。店の左脇に少し凹んだ一角があり、ベッドの端がちらっと見えた。もっともこの店はベッドを使わず、もっと安直に男性を満足させる店だという噂も耳にしていた。私は以前から店の前を通っていたし、ゴールデン街にはその種の店が他にもあることを知っていたから「ああ、やはりそうか」と思った。

ただし私は鍵を外してもらい、ウイスキーのロックを注文した。彼女にもビールかハイボールなどをプレゼントしたはずだ。その日はさらにもう一杯というくらいで店を出たと思う。

それから半年くらいは一週間に二日は通った。私は女性が鍵をかけて客にやることをしてもらう気はさらさらなかった。そういう女性が自分の半生やエピソードをどれくらいしゃべってくれるか、その点こそ目指すところだった。週二日というのは、それくらいは通って顔なじみにならないと相手になってくれないからである。

次の時からはドアを開けっ放しにして、流しのギター弾きが来ると店内に呼んで歌った。この流しがシャンソンを得意としていたから、私は「ろくでなし」や「谷間に三つの鐘が鳴る」などのシャンソンを歌えるようになりたいと夢中になった。料金は三曲で五〇〇円だったように思う。ついでに付け加えるとカラオケという言葉は聞いたことがあったものの、実際には見たことがないという頃で、一九八〇年前後のことだった。

こうして半年ほど経った頃には店の雰囲気が大きく変わった（少なくとも私が店にいた間は）。流しがきて私が歌っていると、ドアが閉まっている時でも女性たちが次々に入ってくるのである。中から鍵がかかっている時は何が行われているか知っているから遠慮しているが、歌が聞こえてくれば遠慮はいらないというのだろう。そして彼女たちとの会話から全員が鹿児島県の南方に位置する島の出身であることがわかった。いずれも同じような商売かと思っていたら、ホステスが一人で、主人と立ち食いのうどん屋をやっている奥さん、小さな事務所のＯＬなどで、ほとんどが同年輩であった。

数日後、もっと驚くことが起こった。いつもはせいぜい一人か二人だった島出身の女性が、その夜は六、七人集まって、ちょっとした同窓会の雰囲気だった。私は例によって流しを呼んで歌っていたが、ママが「私も歌おうかな」といった。その途端「ワーッ」と歓声が起こったのだ。しかも彼女が美空ひばりの「リンゴ追分」を歌い出すと、女性たちは自分たちも手をたたいたり、歌いながらポロポロと涙を流し始めた。確かに素晴らしい歌いっぷりだったが、それでもなぜ、いっせいに泣き出したのか理由がわからず、流しのおっさんとともにあぜんとして眺めていた。

後で知ったことだが、彼女は高校一年生の時に鹿児島で行われた歌謡大会に出場して、見事に優勝したという。その時の歌が「リンゴ追分」で、その様子はテレビでも放映されたから、彼女はいちやく島のスターになった。その後、歌手を目指して上京したものの、まったく芽が出ないまま、約二〇年後ゴールデン街に居つくことになったのである。

一方、店に集まる女性たちはテレビで彼女の晴れ姿を目に焼き付けた二年後から三、四年後、高校や中学を卒業して大阪や東京に就職して行った。集団就職の子が「金の卵」としてもてはやされていた時期であった。そして二〇年後、彼女たちも夢が果たせないまま、かつての島のスターのもとへ集まるようになっていたらしいのである。

この話の半分は私の想像であり、事実の程度は保証できない。ただこの夜以来、ママも周辺にいた女性たちも私のことを「シモさん」といって気を許してくれるようになった。その雑談の中で少しずつ積み上げた話である。

彼女たちとの雑談の中で見えたことが、さらにあった。それは島の女性たちがこの店に集まるのは彼女のリーダーシップを尊敬しているせいだということである。それが島のスターだったためかどうかは知らないが、いかがわしい商売をしていることが、彼女のリーダーシップにとって何の傷にもなっていないことは確かだった。そしてママの歌う「リンゴ追分」は島の女性たちにとって、あの日の感動を今一度よみがえらせてくれたようであった。

それから半年後だったか、もう少し経っていた頃か、ママが「今日は私にぜひおごらせて」といって、私を店の外へ連れ出したことがある。

しかし出かけた店の前で「しまった」と思った。その頃のゴールデン街はSM雑誌の編集者や、シュールリアリズムやSF小説を目指す作家志望の青年などで溢れていて、その店は溜まり場の一つとされていたからだ。私はいくつかのSM雑誌と仕事上の付き合いがあったが、そういう店には近づかないようにしていた。

私は「ここは止そう」といったが、二階の店へ手を引くようにして上がって行くと、

「この人は下川さんといってうちのお得意さん。作家志望だからよろしくお願いします」と、それこそ一人一人にお辞儀をして回った。

多分、店には一〇人以上の客がいたと思う。その中に知った顔がいたかどうかは記憶にないが、その時のいたたまれない思いは今振り返っても汗が吹き出すような感じがする。私は作家志望ではなかったし、仕事をもらう時は自分の企画を持って編集部を訪ねることを旨としていたからである。正直に告白すると、彼女の店がゴールデン街の常連たちの間で、どう見られているかも想像できたから、そのことを恥じる気持ちもあった。

ただその時の彼女の熱意には「これは彼女の意に逆らうべきではない」と思わせる迫力があった。私は覚悟を決めて「よろしくお願いします、よろしくお願いします」と頭を下げて回った。

ただし、そのことがあってから、店には何となく行きにくくなってしまった。ゴールデン街は東西に走る三本の路地と南北に通じる路地に店が並んでいるが、その店のある通りを避けて徘徊した。

店であった男といえば流しのギター弾きだけであったが、このおっさんとは別の路地で会った時にも「よっ！」と手を上げて会釈する仲になった。

銀座の女

週刊誌や月刊誌の編集に携わっていた頃、銀座のバーやクラブを訪ね歩いた。飲みに行くわけではない。クラブのママやホステスに原稿を書いてもらうのが目的で、どういう視点から書いてもらったら面白くなるだろうと思って、その材料探しのつもりだった。

選択の基準は有名店であることという一点だったが、私がとくに重きを置いたのは開店前と閉店後の様子だった。いくつかの店を訪ねるうちに、有名店の中にも企業の社長や重役クラスの人々が集まる店と、有名タレントや小説家などが集まる店のあることがわかった。私は二つのタイプの店を選んで、それぞれ三、四回ずつ出かけたが、そこにはさらなる違いが見られた。

前者のモデルとして選んだ店は銀座のど真ん中の、階段を上がった二階にあった。ここでは開店前のママのチェックの厳しいことが印象に残った。開店一時間ほど前、一四、五人のホステスが揃うと、ママがいきなり、

「何時何分から何時何分まで、五人連れで見えた方」

といった。ホステスの一人が、

「〇〇建設のA社長と常務のBさん、後の三人は初めての方」

と答えると、別のホステスがイスの一つを指差しながら、

「ここに座られた方は四月に社長秘書になられたCさんで、四月に次いで二度目」

と付け足した。そのやりとりにホステス間の意地の張り合いも感じられた。続いてママが、

「何時何分から何時何分まで三人で見えた方」

と質問すると、第三のホステスが、

「△△製作所のDさんで、この秋、社長就任が内定の方。お二人の一人は去年通産省の局長からこの会社の相談役になられたEさんで、Dさんの社長就任と同時に専務になられるはず。後のお一人は□□銀行の副頭取のFさん」

と即答するといった具合で、そういうやりとりが三〇分以上、閉店までの客について確認されるのである。それを聞いているだけで財界紳士録が出来上がりそうであった。しかもお付きの秘書や課長クラスのサラリーマンにまで目配りしていることが受け取れた。と同時に客の名前を覚えることが得意なホステスと、そうでないホステスの違いも明確になる。ママが覚えの悪い女性をどう評価しているかもすぐに読み取ることが出来た。

私には理解できない会話も多かった。ママが、

「今日は七時から約一時間の予定でHさんとIさんなどが見えるからね」

というと、あるホステスが、

「わかりました。▽ちゃん、私の隣りにきて」

と答えた。これだけのやり取りで何が伝わったのかとホステスに尋ねたところ、

「この席はHさんの接待だけど、Hさんは身長が一六〇センチくらいで痩せ型。これに対してIさんの方は一八〇センチを越す大柄で、体重も八〇キロくらい。だからHさんとIさんには両脇に座っていただいて、身長一五二センチの▽ちゃんと一五八センチの私が間に座らせてもらうの。すると小柄なHさんの引け目も少しは和らぐでしょ」

接待している小柄な客に少しでも実りがあって欲しいというわけである。大柄な男性の目をそらせるために、ママがわざと真向かいに座ることもあるのだという。

タレントの集まる店は「クラブ順子」と言い、ママの田村順子さんは彼女自身がタレントだった。私は店に何度か行ったが、こちらのお願い（原稿の依頼など）を伝えると、さっさと退散した。この店の常連であるタレントや小説家の中には取材で知り合った人も何人かいた。それらの有名人と知り合いヅラして飲むのが嫌だったのだ。

この店では閉店後、意外な場面を目撃した。大き目のパックを持って出てきたママが、近くで道路を清掃していたホームレスの老人に「いつもすみませんね」と声をかけ、歩道から一段高くなったところにパックを置いた。さらに戻りぎわに「今夜は冷えるからお体に気をつけてね」と声をかけたのである。その風景が私には、エリートサラリーマンの集まる店とは違った次元の気配りのように感じられた。

老人によると七、八年前、道路に物が散乱していたために片付けていたところにママが出てきてお礼をいわれ、タバコとチーズをもらった。そのお礼に翌日も掃除したところ、

道路脇にタバコとハムが置かれていた。

それからは毎日、道路の清掃とお礼の食べ物パックが恒例になった。子どものために作ったように丁寧に詰められており、タバコも必ずついていた。老人がお礼をいうたびに「お客様が残したものだし、お弁当も女の子が楽しみながら作っているのだからお礼なんかいいの」という返事が返ってきたという。

老人がママの気遣いに感じ入ったことがもうひとつあった。老人は毎日食べるには十分過ぎるからと、同じく銀座を徘徊していた四〇代の男性に週の半分を譲ることにした。その時、相手の持っていたタバコが自分の好みだからと箱ごと交換した。

老人は男を同行してママにその意を告げたが、その夜以来、お弁当に添えられたタバコがそれぞれの好みの銘柄に変わったのである。ホームレスのタバコの好みにまで気を配るママに、老人は「成功する人はどこか違う」と感じたという。そしてそのエピソードを聞いた私も、この違いは案外企業のエリートに対する気遣いと、タレントや芸術家などへの気遣いの違いを表しているのかも知れないと思った。

ところでそう考えると第三の男たちの存在が、どうしても気になった。経済界の大物が集まる店では通産省（現経済産業省）や建設省（現国土交通省）の役人の名前が上がることはあったが、政治家が出てくることはなかった。「クラブ順子」でも何人かの政治家の名前は聞いたが、タレントとセットで出てくることがほとんどだったように記憶している。

一流政治家は赤坂や神楽坂の料亭に出入りし、彼らをもてなすことは芸者の領域とされていたが、芸者の世界では銀座のホステスとは異なるどんな気遣いが示されていたのだろう。その疑問には大いに引かれるものがあったが、それを解きほぐす知恵もツテも私にはなかった。

汐留の女

東京・新橋駅から浜離宮へ向かう通りに真冬の深夜、七、八人のホームレスが集まる一角があった。銀座の高級クラブの営業が終わった後、店が残り物のおつまみを箱詰めにして店の前の歩道に出してくれる。その箱詰めを持ち寄ってドラム缶で温め直し、みんなで分け合うのである。

ホームレスの人々が店の前を掃除し、そのねぎらいとして店側がおつまみなどの余り物を提供するという習慣が、「銀座の女」で紹介した「クラブ順子」から始まったのか、それ以前から行われていたのかは知らないが、私が「順子」を訪ねた頃から広がって行ったことは確かなようだ。

私もドラム缶製の煮込みを二度ほどおすそわけにあずかったが、さすが日本の最高級クラブのおつまみを一堂に集めた煮込みとあって素晴らしい美味だった。中には毎晩、こういう栄養価の高い物を食べているせいで痛風や糖尿病など、当時はいわゆる贅沢病とされた病気に悩む人もいたようだ。ホームレスの贅沢病とは作り話のようだが実際に聞いた話である。

このグループの中心にいたのが「クラブ順子」で出会った四〇代のホームレスで、グループは彼の指示のもと、焚き木を拾ってくる男、ダンボールの一つに収納してあった金物やガラスのコップを分配する役などに分かれていた、彼の隣りにはかなり年上と思われる女性が座っておりさらに七、八人の中には女性の息子も交じっていた。

仮りにその男性をAさんと呼び、女性をBさん、息子をCさんと呼ぶ。豪華な煮込みの食事（これにはパンの耳もついていた）がすむと、AさんはBさんの体調があまり良くないので、「家で休ませる」といって立ち上がった。その言葉をきっかけに私は「住まいを見せてもらっていいですか」といった。ホームレスの家といえば今ではブルーシートのテントが定番だが、当時は段ボールを寄せ集めて住んでいる人がほとんどだった。しかし回りを見回しても段ボールの家らしきものは見当たらない。男女のホームレスがどんな所に住んでいるのか興味を抱いたからである。Aさんは気軽に「いいよ」というと、五〇メートルほど離れた歩道の脇に置かれていたリヤカーのところへ案内した。ここが二人の住まいだという。

そのマイホームは荷台の部分に障子を半分に切断したくらいの高さの壁を設け、波型スレート製の屋根もついていた。障子とリヤカーの車輪の間には両側とも五、六本の竹竿が差し込まれている。

「荷台の部分だけでは部屋として狭く感じるが、竹竿をはさむことで、竹が荷台からはみ出たところも自分たちの専有部分にできる」

というわけで、「普通の家の玄関や三和土《たたき》のつもり」なのだという。ちなみに「家」には戸もついていて、開けると布団や毛布もそろっていた。毛布は見るからに高級品で、しかもまだ新しかった。Aさんによると羽田付近を歩いていた時、民家に干してあった毛布が風で飛んできた。それを失敬してきたのだという。

「昔からこの家に住んでいたんですか?」という質問には「いや、あの人がきてから」とのことだった。つまり女性を獲得するために専用の部屋を設けたわけで、その辺の積極性がホームレスの中でリーダーシップを発揮する理由ともなっていたようだ。

ところでこのグループには四、五回取材に出かけたが、会話を交わしたのはAさんがほとんどで、Bさんとは会うたびにひと言くらい、息子さんを含めた他の人々とは一、二回ずつしゃべったきりだった。したがってここに記すことの大半はAさんからの受け売りである。

Aさんは福島県の中学を卒業すると東京に憧れて家出した。しかし持ち金が尽きて万引きしたため、故郷にも帰り辛くなり、土木工事の作業員などを転々としていたが、そのうちにすべてがわずらわしくなってホームレスになったという。

一方、Bさんは兵庫県で夫が営む町工場を手伝っていたが、夫が七年前に肺がんで死亡、息子のCさんが跡を継いだが、気が小さくて人前に出ることができない性格だったためにたちまち破綻、四年前に故郷を捨てて東京のドヤ街に住みついた。しかし金もなくなったため、母と息子でホームレスになったという。AさんはBさん親子が浜離宮にいたところを見染めたのである。

Bさんはきゃしゃな体つきだが、なかなかの美人だった。この顔なら再婚を望む男や、面倒を見たいと申し出る男もいるように思われた。Bさんによると、そういう話はいくつかあったものの、息子が自分のために必死になっていたことは痛いほどわかっていたから、それを見捨てる気はなかったという。

ある時、Bさんが「この人（Aさんのこと）に湯河原へ連れて行ってもらったんですよ」といった。BさんをAさんが荷台に乗せて約一か月かけて往復したという。その話に私はびっくりした。Aさんならコンビニで食料を購入するくらいの金を稼ぐことは困難ではないだろうが、宿泊代となるとひとけた違う。それにホームレスで堂々と旅館に泊まるとは大した度胸だと感心したのである。

その話にAさんが付け足した。「湯河原の人目につかないところで川に入って、この人の体を洗ってあげたの」

そこには旅館の風呂の湯が流れ込んでいるから、本物の温泉だというわけである。

私が「もちろんBさんを裸にして？」と聞くと、「そりゃそうでしょ」といいながら二人で笑っていた。私はBさんの笑顔を見ながら、これが彼女にとって人生最高のエピソードなのかもしれないと思った。

ちなみに知り合ってまもない頃、Ａさんは東京オリンピックのマラソンで活躍した円谷幸吉選手の親戚だと名乗った。円谷選手は三年後に自殺、周囲の期待に押しつぶされたといわれた。Ａさんは小さい頃には大の仲良しだったので、葬式には参列したいと思って帰郷したが、円谷選手の死を悼む人々が汽車の中にもあふれていた。「ホームレスの自分には彼に合わせる顔もない」と思って、そのまま東京へ舞い戻ったという。

私がこのエピソードを持ち出すと、Ａさんは「うそうそ、口からでまかせをいっただけ。浮浪者のいうことなんか信用しちゃダメだよ」と否定したが、私は信用していた。

港町の女

山口県下関市のトルコ風呂（現在はソープと呼ばれるが、ここではトルコ風呂とする）で、その女性にあったのは一九八七（昭和六二）年のことだった。

実家（福岡県）の用事で帰郷する途中を利用して、取材のために下関市に寄った時のことである。駅前でビジネスホテルを予約した私は例のごとく街へ飲みに出た。フラフラと街を歩いているうちに漁業倉庫の並ぶ通りに出たが、その一角にトルコ風呂があった。こんな暗がりでトルコ風呂の営業が成り立つかしらと疑問を抱くような場所で、今振り返っても「本当にあったのかな」と不思議に感じるような風景であった。その意外性にひかれて店に入ったのである。

その店については名前も料金も覚えていないが、相手の女性が由美と名乗ったことは明確に覚えている。年齢は二五、六歳といったところか。

彼女が部屋に入ってくると、左腕に肉の盛り上がった部分があるのが目に留まった。私は週刊誌をやっていた頃から刺青には関心があって、四、五人の彫り師とも顔見知りだったから、それが刺青を焼いた痕であることは容易に想像できた。普通に想像すれば初めての恋人との記念に男から彫ってもらったが、その恋が終わったため自分の手で焼いたといったところだろう。

私が「その痕にはあなたの人生が集約されているみたいだな」というと、彼女は「お気に召さないようでしたら、別の子と交代しますが」といった。私はあわてて「いや、刺青を自分で消した痕を見たのは初めてだから、ちょっと聞いてみただけ」といい足した。それから彼女は私の彫り物の話に大いに興味を示し、私は彼女のトルコ嬢としての半生を振り返ってもらった。

彼女によると生まれは北海道の根室で、中学校を卒業する直前に、級友で初恋の相手だった彼と彼の家で体の関係を持ったという。彼が厚岸《あっけし》の水産学校へ進学することになったので、「もう会うことがないかも知れない」と思ったのである。その時、彼が由美さんの腕に「Y・Y」と彫った。彼は「自分の腕にも彫って」といったが、こわくてできなかったそうだ。

彼との関係は親友にもいっていなかったから、他人には彼女の本名が山口由美だから「Y・Y」といったが、本当は彼が横溝という姓だったからの「Y・Y」だった。

しかし「Y・Y」という彫り物を自分で焼いたことや痛かった、辛かったといった思い出については口をはぐらかした。

高校卒業後、札幌で数年間のOL生活を送った彼女は小樽でトルコ嬢になった。その頃、週刊誌で五〇〇〇万円貯めたトルコ嬢や、北海道で数千坪の土地を買ったトルコ嬢などの記事を読んだ。「自分もはっきりした目標を持って生きて行きたい」と考えた彼女は同じ道を選んだのである。OL時代にも何人かの男性と経験があったが、トルコ嬢になることには抵抗はなかったという。その後函館、釜石、銚子、焼津と次第に南下してきて下関へやってきたというわけであった。

由美さんの話で私が一番興味を持ったのは彼女が渡り歩いた街だった。いずれも遠洋漁業の基地で「まるで森進一の演歌みたいだな」と思ったのである。

由美さんというトルコ嬢について、私が知っていることはそれだけである。そして『ミユーザー』という雑誌の栗原利之さんに彼女の話をするまで、私にとっては「演歌のタイトルを地でいくソープ嬢がいる」という発見だけでも面白かった。

だが栗原さんに彼女の話をしたところ意外な感想をもらした。栗原さんは長年、週刊誌でトルコ風呂専門の記者をやった後、トルコ風呂専門の情報誌『ミユーザー』を創刊した人だが、私の話には付け加えておくべき二つの点があるということだった。

第一点は女性がトルコ嬢になるという時、知り合いに出会うことを避けるために、生まれ育った土地から離れたところを選ぶのが普通だが、北海道では道内でこの商売に入ったという女性が六割近くを占める、この女性もその一例だというのである。

その理由は不明だが、栗原さんが知っている女性の中には次のような例もあったという。彼女は旭川で育ち、二二歳から札幌・薄野のトルコ街で働き始めた。ところが二年前、高校の同期生三人が薄野で飲んだ後、その店に入った。偶然の再会を喜んだ彼女は三人の遊び代まで持ったというのである。北海道の女性にはそういうオープンなところがあるという。

第二点は港町を渡り歩くというエピソードに関係する話で、こちらについてはいくらか想像がつくという。それは港町へ帰港する、もしくは寄港する船員たちは金を持っている上、トルコ嬢に接する時も、今どきの若者が失った純情さを保っている。つまりやさしくてお金持ちだから、トルコ嬢の方でも、ついサービスに心がこもるというのだ。

栗原さんは遠洋漁業の船員と結婚した元トルコ嬢を知っている。その船員は航海に出る前に彼女のヌードを撮影したいといった。彼は上陸中に何度も通ってくれたし、チップもはずんでくれたからと、自ら股間を開いたポーズをとった。すると「そんなポーズではなくて、全裸で前を隠した姿と後ろ姿」と注文したという。その言葉によって彼は自分の中に純情な女を見てくれていると確信した彼女は、その後求婚された時、「彼のいい奥さんになろう」と決心したという。

これは栗原さんの想像だが、街中で流行している過激なビニ本などは一瞬の刺激にはなっても海の上では持続できない。結局、最も単純な想像、すなわち純情な女の子が恥ずかしそうに彼のものになって行くというシーンが蓄積され、海から上がったトルコ風呂でも再現されるというわけである。

そしてそういう男に憧れる女性も多い。「港町のトルコ風呂って、一昔前の純情な男女のごっこ遊びが再現されている空間というところが確かにある」というわけである。

栗原さんは「ごくごく例外の話ですよ」と念を押したが、そういった後、「いや、案外多いかも知れないな」とも付け加えた。

隅田川の女

カメラマンの内藤正敏さんとは五十年来の付き合いである。東北の民間信仰を記録した仕事といい、金属民俗学という民俗学の新しい領域を打ち立てた業績といい、内藤さんは同時代の傑出した仕事師だと思っている。

内藤さんは東北の民間信仰の撮影と並行して東京の浅草や新宿の人々も撮影していたが、その仕事には私もしばしば同行した。

浅草での撮影に同行している時だった。ホームレスのたむろする隅田川の川べりで焚き火をしているカップルに出会った。「汐留の女」でも女性のホームレスに触れたが、女性のホームレスは相対的に少ない。ましてカップルのホームレスはさらに珍しい。興味を抱いた二人は「私たちもあたらせてもらっていいですか」といって近づいた。内藤さんのカメラを見て、二人はわれわれの意図にすぐに気がついたようだが黙って席を作ってくれた。

男性の年齢は四〇歳前後、女性は三〇代半ば。女性の方は私と同年代と思われた。私たちは近づきになるために日本酒の小ビンを持参していたが、差し出した小ビンを受け取ると、男性は手もとに置いてあった湯飲み茶わんになみなみと注いで飲み干し、フーッと大きく息を吐いた。かなりな酒好きで、しかも久しぶりの酒だったらしい。

「汐留の女」のカップルと区別するために、この男性をDさん、女性をEさんとする。私たちも焚き火を囲むと「どうしてこの道を選んだのですか」と質問した。取材をお願いする場合には単刀直入に聞いたほうがよい場合がある。Dさんはそのケースのように思われたのである。

するとDさんがいきなり片手を突き出した。手のひらをいっぱいに広げている。私にはなんのことか見当もつかなかったが、内藤さんが小さな声で「指が六本ある」とつぶやいた。「エッ?」と思って見直すと確かに六本指である。私は「六本指の人って初めて見ました。片手だけですか」と正直に尋ねた。Dさんは「そう」といって両手を広げて見せた。

それからDさんは自分の半生を語ってくれた。生まれは静岡県の山側で、実家は十数代続く旧家であること。Dさんは跡継ぎだったが、この指のために物心つく頃からいじめに合い、中学三年の時に家出して東京の運送店や商店で働いた。ただしどこも指のことが知られるまでのことで、長いところで半年、短いところは二か月と保たなかった。一度だけ実家近くにまで帰ったものの、敷居をまたぐことなく引き返してきたという。その後は作業員をして稼いでいる時は山谷のドヤ街で寝泊まりしたが、酒の量が進んで働きに出なくなると野宿者暮らしになった。

Dさんが Eさんと出会ったのは一九六四年春、浅草の吾妻橋のたもとだった。深夜、スカートなどはボロボロ、体はよろよろしながら歩いているところを目撃したのである。それからの数日、Dさんはつきっきりで看病した。「強姦された」ことは予想できたが、質問したことはなかった。弱みを突かれる辛さはDさん自身の人生だったからだ。

私はそれから、何度かこのカップルを訪ねた。これから記すことの大半はDさんが約一〇年にわたってEさんと交わした雑談の寄せ集めである。Eさんはほとんど喋らなかったが、Dさんの話を否定もしなかった。

Eさんは一九四二年一〇月、北海道帯広市の近郊で生まれ、高校を卒業すると同時に近くの建設現場の飯場で、賄い婦の一人として働いた。家が貧乏だったから少しでも弟妹の学費を稼ごうと給金のいい賄い婦を選んだのである。人夫たちも半分は地元の出身者で顔見知りだったから、身の危険を感じたことは一度もなかったという。

一九六四年の一月に会社の担当者から「半年間、東京で働かないか」と持ちかけられた。

東京はオリンピック工事の真っ最中で慢性期な人手不足、飯場に若い女性がいると男たちの勤労意欲が増すというのだ。驚いたのは給金で当時は一日二〇〇円くらいだったが、東京では一〇〇〇円になり、現場の仕事の進み具合によっては晩飯が遅くなるため、その分の残業手当も付くという。一か月に二万、三万円という金は想像もできない大金であった。

そのほかにも住まいは三畳一間に台所の付いた女性専用の寮があり、月二回の休日には浅草まで送迎バスが出るなどの特典もあった（北海道と東京の飯場の料金の差、残業手当は私の記憶による）。

その飯場がどこにあったのか。Dさんの想像によるとJR秋葉原駅から隅田川へ寄ったあたりではないかという。Eさんが秋葉原駅から電車で上野や新宿へ出かけたことを覚えていたからだ。

ただし正確な位置や、どれくらいの作業員がいて、どんな仕事をしていたかといった点については記憶が欠落しているのか、しゃべりたくないのかほとんど聞いたことがないという。

なおそれらの点については公式の資料もどこにも残っていないようだ。当時の東京では立ち遅れていた都市の整備をオリンピックにかこつけて一気に始末を付けてしまおうという空気があり、道路改修から街路整備、隅田川の改修や公共住宅の整備、上下水道工事、新幹線工事などが一挙に進められ、東京中が掘り返されていた。

それを担ったのが地方から集められたニコヨンと呼ばれる労働者だったが、彼らの数が何万人に達し、彼らを収容する飯場がどれくらいあったのかなどの資料はどこにも見当たらないからだ。とにかくどんな無理をしてでも工期までに仕上げるというスケジュール優先主義と、そのためには少々のことがあっても目をつぶるという姿勢が貫かれたという印象であった。

事件が起こったのは日曜日であった。寮の女性たちと浅草見物に出かけたEさんは一人だけ早めに帰ってきた。生理痛がひどくて、立っているのさえ苦痛だったからだ。最盛期には六〇人からの作業員がいた飯場も六月に入ると仕事が完成した工区が出てきて、作業員も半分以下に減っていた。そしてその日は翌日から中部地方のダム工事に向かうという五、六人が荷造りに励んでいたという。

それから先のことはDさんも聞かないようにしている。吾妻橋での出会いについても、一言も質問したことはない。ただ彼女がポツン、ポツンともらしたことばや、夢の中でうなされて発した文句などを拾って想像しているだけである。

以来、DさんはEさんに晴れ着を着せて実家の親に見せてやることを人生の目標にして、少しずつ金を貯めている。Eさんは「こんなに親切にしてもらったから十分」といっていたが、私たちが黙っている時には「風はひゅるひゅる　波はざんぶりこ」という歌を口ずさんでいた。島倉千代子の「襟裳岬」である。

Eさんの故郷の帯広から襟裳岬は北海道ならすぐそこ、故郷へ帰る日を夢見ているのかもしれないなと、その歌を聞きながら思った。

もう一つ心に残っていることがある。私は一九四二年八月生まれで、Eさんとは同い年、上京した時期もほぼ同じである。それなのにこれほどの人生の違いとなるとは。あの国民的なイベントを心の傷として受け止めている人もいることを、私は忘れないようにしようと思った。

風俗取材ノートから

慰問のエロ写真

戦時中の性風俗といえば、あまり取り上げられることのない問題の一つに慰問袋に入れられて戦場に送られたエロ写真がある。

私は一九九五（平成七）年九月に『日本エロ写真史』を出したが、その資料調べの段階で、戦場の兵士たちの間にエロ写真が人気があったことは日清戦争の時から確認できたし、明治三七、三八年の日露戦争では半官半民のエロ写真が大量に作成され、慰問袋に入れられて戦場に送られたこともわかっている。このエロ写真は富士山を描いた書き割り（舞台で使われる背景画）の前で女性が長い手ぬぐいで前部を隠したセミヌードである。「真善美集」

というタイトルもあり、出版した時点では一枚しか確認できなかったが、今では全一二枚組だったことも判明している。

昭和の戦前、警視庁の風紀係を務めていた小野常徳さんによると、日露戦争ではそれまで警視庁に摘発され保管されていた春画の版木も半官半民の組織に貸し出され、大量に刷られて戦場に送られた。このため明治時代の末期には、警視庁はその原木を回収することに大変な労力を強いられたという。

昭和の一五年戦争の時代にはエロ写真を慰問袋に入れて送ることは許されなかった。皇国の臣民がエロごとにうつつを抜かすことはあってはならないことだったのである。福岡県小竹町で「兵士・庶民の戦争資料館」を主宰する武富登巳男によると「慰問袋に入っていた婦人雑誌に掲載された女たちの身の上相談がエロ話として回覧され、少女たちの慰問の手紙を片手にオナニーをするのが現実だった」という。

その中で、たった一つの例外が伊勢志摩地方の海女さんの上半身裸の写真だった。乳房を露出した海女たちの絵ハガキが慰問品として戦場に送られたのである。

志摩電気鉄道の鳥羽―賢島間が開通したのは一九二九（昭和四）年七月、これでお伊勢さんのある宇治山田までが開通した。

しかし英虞湾《あごわん》という名は当時、ほとんど知られていない。そこで鉄道会社が宣伝のためにばらまいたのが乳房を露出した海女たちの絵ハガキ写真だった。

小暮修三の「甦る戦前の〈海女〉：絵葉書に写る〈眼差し〉の社会的変遷」（『東京海洋大

学研究報告』二〇一四年二月二八日号）という論文によると、国鉄参宮線（現ＪＲ参宮線の多気―山田〔現・伊勢市〕間）が開通したのは一八九三（明治二六）年、伊勢神宮への参拝路線として脚光を浴びた。さらに一九一一年、山田から鳥羽まで延長され、観光地としての鳥羽が一躍人気を集めた。その結果、開通初年度には年間二万四〇〇〇人に過ぎなかった鳥羽駅の乗降客数は、一九一五年には四一万人余、一九二五年には年間一二七万人余へと急増した。

一方、一九二三（大正一二）年、私鉄の志摩電気鉄道が設立され、鳥羽―賢島間の工事着工、一九二九（昭和四）年七月に開通した。同年一〇月には二〇年に一度の「式年遷宮」が行われ，翌年三月には神都博覧会も開催されることになっていた。それを見越して、お伊勢さんから鳥羽までやって来た観光客を賢島まで誘致しようという計画である。事実、「式年遷宮」には史上最大の参拝者が押し寄せ、神都博覧会にはわずか六〇日の期間中に五五万人の入場者があった。

志摩電鉄の開通に合わせて設立された鳥羽保勝会（会長・鳥羽町長＝当時）が製作・販売した絵ハガキが、若い女性が乳房を露出したシーンであった。この絵柄が観光客により強くアピールしたいという思いの表れであることは明らかであった。

ところが小暮によると、年を経るにしたがってこれらの絵柄が別の意味を持つことになったという。その意味にも二つの中身があった。

第一に、これらが伊勢神宮の式年遷宮や神都博覧会でも販売された結果、「女性の裸体に関して規制の厳しかった当時においてすら、〈海女〉が職業上裸であるという〈必然性〉が認められ、〈公認〉ヌード写真になった」ことである。要するにいったん神都博覧会で認めたヌードを今さら禁止するわけにはいかないというわけである。

さらに一九四一（昭和一六）年一二月、太平洋戦争の開戦とともに「総てのものをその子に、その夫に、大きくはその国にささげ切っている象徴」とされた。

つまり乳房を露出している姿は、自分のすべてを家族や国にささげていることの表れというわけである。しかも大衆雑誌などでは、決戦下の日本を代表／表象する存在として「勤労に生きる女性群」と賛美されたり、海産食糧を確保する「海の女戦士」と呼ばれるようになったという。その結果、海女のセミヌードの写真や絵ハガキが兵士に対する慰問品として、次々に戦場へ送られることになったのであった。

ただし、小暮はここでもう一つ注釈を付け加えている。これらのヌード絵ハガキが登場したのは一九二九年以後だが、実は海女がヌードだったのは大正時代までで、昭和時代には磯シャツ姿と呼ばれる白いシャツを着ることが行き渡っていた。ヌードの海女は太平洋戦争の頃には完璧に姿を消していたという。つまり志摩電鉄の絵ハガキは大正時代に撮影された写真の複製であり、自分のすべてを家族や国にささげた海女も、「海の女戦士」も現実には存在しなかったのである。

春画の三つの楽しみ

「春画には三つの楽しみがある」

と教えてくれたのは「最後の浮世絵師」と呼ばれた千葉笙児さんである。

千葉さんは明治四〇（一九〇七）年、青森県弘前市で生まれた。実家は大地主で、有名な作家の太宰治の生家とは姻戚に当たる。生前の太宰とは何度かあったことがあるが、肌合いが合わないので積極的に付き合う気にはならなかったという。

一八歳で上京、東京美学校（現在の東京芸大）に入学したが、二か月で退学した。春画描きを目指して美校に入学したのに、授業は「人体の幾何学的構成について」とか「色彩の科学的分析」といった話ばかり。千葉さんは女の普通の顔と欲情した時の表情の違い、さらにエクスタシーに達した時はどう変わるかといったことを知りたかったのに、そんな話とは無縁の世界だったからだ。

美校を辞めた千葉さんは日本画の巨匠と評価されていた鏑木清方の弟子になった。しかしまもなく岩田専太郎、志村立美とともに鏑木の高弟である山川秀峰のもとへ移った。鏑木門下には弟子が多すぎるというので、鏑木が弟子を割り振ったのだという。山川はモダンな美人画の第一人者で、一九四四（昭和一九）年一二月に四六歳の若さで死亡したが、岩田と志村は戦後の代表的な美人画家として活躍。雑誌の挿し絵の双璧とうたわれた。

しかし千葉さんには美人画や雑誌の挿し絵を描く気はさらさらなかった。春画を描きたくて画家になったのだから、飯のタネに美人画を描くことはまったく意中になかった。戦後は実家が没落して仕送りもほとんど途絶えたが、体に染み付いた生き方は変えようがなかったのだ。

さて春画の三つの楽しみとは何か？

一つは今では日本でも常識になりつつあるが、男の一物が誇張して描かれていることで、明治になってヨーロッパとの交流が盛んになって以来、ヨーロッパの男たちの最大の関心事といわれた。

「その理由は日本の家が狭かったせいですよ。日本と外国の寝室の広さを想像するとわかるけど、日本には百畳敷きの部屋なんて滅多にないし、あってもそれは寝室ではない。将軍にしろ大名にしろ、寝るときはせいぜい一〇畳くらいの部屋だから、のぞく奴の目の前で男と女の性器がくっついてしまう。ヨーロッパの中世貴族のお城などではこうはいかないもの。五〇畳、一〇〇畳の寝室は珍しくないからカギ穴からのぞくと部屋全体が見えてしまう。そこには人がいてベッドがあって、そのほかに広い空間がある。そういう構図では一物を誇張して描くことは不自然でしょ……目の前で男根が女陰に入っているからこそ、男根を誇張するとリアリティーが出るわけで、だから日本の家屋が狭かったことは春画にとっては天の恵みですよ。それによって世界のどの国にもない文化を持ち得たんだから」

第二の特徴はそれゆえに西洋では春画は発達せず、女性の全裸姿が美術としてもてはやされた。しかし日本では衣類を身につけた男女のセックスこそ春画の醍醐味とする見方が広がり、全裸で抱き合うという図柄はほとんどない。

「お寺の坊主と後家さんが関係している図とか、お小姓と奥女中といった組み合わせを見た記憶はありません？　江戸時代、坊さんは女と交わってはならなかったし、後家は死んだ夫に操を立てて終生、男と関係してはならなかった。これらの関係はあってはならない組み合わせで、発覚すればハリツケ、斬罪、軽くても身分を落とされた。しかしそういうセックスこそ、最高のエロチシズムでねえ。例えばお小姓はお殿様の稚児で、奥女中も殿の手が付くことを待っている。ところが年上の奥女中が一二、三歳の美少年にふっと恋心を抱いて、何かの拍子に手と手が触れ、突如、出世はおろか斬罪になることも顧みずに交わる。その当惑と興奮、恍惚感。ほんの一瞬で、日常の社会がガラガラと瓦解していく場面こそ最高の興奮があるわけでしょ」

そういう場面で、男女が全裸ということはありえないというわけである。

三つ目の特徴は陰毛のことを〝もじゃ〟と呼ぶことである。その語源は不明だが、千葉さんによれば〝亡者〟という字を当てるのではないかという。性の世界はあらゆる煩悩や迷妄の源だとされているが、陰毛はそれを象徴しているからだ。

そして陰毛の表現こそ浮世絵師のもっともエネルギーを注ぐところである。なぜなら衣類を身につけた男女のセックスシーンでは、性的な要素を強調するアイディアが不可欠だが、男子のペニスを誇張して描くことはできても、女性器の誇張した形というのは考えられないからである。その結果、陰毛を得意とする春画描きは〝もじゃ描き〟と呼ばれ、千葉さんはその一人とされている。

「〝もじゃ描き〟の苦心のしどころは、いかに密生しているように見せるかに尽きますね。といっても縮れっ毛を縮れたままに描き込んでも、象徴としての〝もじゃ〟にはならないし、黒々と描けばいいというものでもない。私の場合、陰部の周りに薄く墨を敷いた後、中心から上へ向かって一本一本描き入れて行く、それが一番ふさわしいように思えますね。中心というのはクリトリスの上のあたり、そこから描き始めて次第に周辺に広げて行くわけ。上に向けてというのは、陰裂に近いところを根として上に伸びているように描く……実際の陰毛はそんな形には生えていないですよ。しかし私にとっては〝もじゃ〟の本質がそういう風に思われるってことです」

ちなみに千葉さんは戦前、今の金に換算すれば毎月一〇〇万円以上を実家から送ってもらっていたが、その金は神楽坂や人形町の色街に通って、芸者の陰部を写生することに使った。ストリップの「特出し」が定着して、女性が男性に陰部を見せることがタブーでなくなった現代と異なり、戦前までは遊郭の女も芸者も客に陰部を見せることは最大の恥とされていたから、千葉さんの写生は浮世絵仲間にも羨望の目で見られていたという。

その道楽はムダになりつつあるが、千葉さんはこういった。

「春画そのものがムダな世界だからね、その覚悟なしにははなから春画なんて描けないよ」

温泉土産

一九五〇（昭和二五）年六月、朝鮮戦争が勃発、それによって日本社会は大きく変わった。戦争による特需景気が到来して、長く続いた飢餓状態からようやく脱することができたのだ。その結果、性風俗の様相も一変した。その変化の一つが性風俗の発信地が有名温泉地に変わったことである。と同時に温泉地で発売されるエロ土産《みやげ》の種類も大幅に増えた。

その背景として温泉旅行が爆発的に流行したこと。それも会社の慰安旅行がほとんどで、参加者が男性だけの団体さんだったことが指摘された。私は『昭和性相史』（全三巻）を執筆していた時、温泉地ではどんなものが売られていたのかチェックしたことがある。「温泉地の社会学」と題するノートを作って一九五〇（昭和二五）年から一九六〇（昭和三五）年までの一一年間に新聞や週刊誌で報じられたエロ土産を拾い出して行った。全部を網羅したわけではないが、記事の数にして七〇本に達し、それなりの流れをつかむことができる。

それによると、この頃のエロ土産の二本柱はエロ写真にガリ版刷りのエロ小説であった。エロ写真は東京近郊では熱海、関西では南紀白浜、九州の別府温泉が三大メッカとされ、先ずこれのないお土産物屋はなかった。東京の繁華街の路地裏などで売られているエロ写真の半分は熱海で撮影されているという説もあった。当時、熱海界隈はヤクザの抗争が激しかったところから、抗争が三日続くと東京からエロ写真売りがいなくなるといわれた。ブツが入らないので商売にならないというわけである。

ガリ版刷りは蠟紙に鉄筆で文字を書き、それをパソコンのプリンターくらいの大きさの印刷機に固定して、小型のローラーで押していくと印刷されるというシステムである。

判型は文庫本を横にしたくらいの小さなもので、私はこの種のエロ小説を十数冊所持しているが、それらには「恥じらい」や「この喜びを永遠《とわ》に」、「あの雲の彼方に」といったタイトルがつけられている。いずれもページ数にして三〇ページから四〇ページ。ただし「あの雲の彼方に」だけは七〇ページを超える長編で、他の小説には一枚か二枚しかついていない挿し絵が七カットある。ちなみにほかの本には著者の名前がないが、これには「永江荷風」とある。この名前が「永井荷風」のもじりであることはいうまでもない。

ガリ版刷りの変わり種として「秘技四十八手」や「百手秘技」といった体位集もあった。「四十八手」という言葉は江戸時代、浮世絵師の第一号として知られる菱川師宣が創出したものだが、現実には広く行われたわけではなかった。同じ題名のガリ版刷りで、絵柄の違うものは四種類も五種類もあり、「四十八手」という言葉が世間に認知されたのは江戸時代ではなくて、これらのガリ版による可能性が高い。

さらに春画を描いた浴衣やうちわ、盃の底に四十八手を焼き込んだものや、男女の性交姿を立体的にかたどった箸置きなどもあった。性科学者の高橋鐵のアシスタントを務めた安田義章さんは、草津温泉のお土産物屋で四十八手を刷り込んだ布団カバーを勧められたことがある。コレクターとしては心惹かれる珍品だったが、手持ちの金で買える額ではなかったので諦めたという。

当時の温泉が性風俗の変化の震源地となった例はほかにもある。

男女の性関係に秘具が使われていたことは古代から知られていた。江戸時代には両国に四目屋という秘具の専門店があり、その商いの量がどれくらいだったかは不明だが、京・大阪へ通信販売していたという資料も残っている。

横浜のセックス・ドラッグ「あか船」の二代目である加茂和夫には、東京オリンピックの直前の頃の忘れられない思い出がある。

「横須賀のアメリカ兵が店にきて、これと同じもので、もっと性能がいいものが欲しいというんです。それがセルロイド製の張り形で、見るからに安っぽいし、使用中に割れたら女性が怪我をしそうなものでした。どこで買ったと聞いたら熱海というんです。熱海ではこんなものを売っているのかと、本気で腹が立ちました」

実はセルロイド製の張り形が出回ったのは熱海だけではなかった。伊豆下田の近在に趣味で手づくりの性具を作っている四〇代の男性がいた。独身の彼は趣味の性具を温泉芸者と楽しんでいたが、ある日、修善寺や下田の土産物屋でセルロイド製の張り形が売られているのを目撃した。

「オリンピックで来日する外国人がこんな安っぽいものを買って帰るのは日本の恥だ」

と一念発起した彼は東京・神楽坂に「東京娯楽用品研究所」を設立、自分の作り出した性具の販売に乗り出したのである。

昭和四六年に「熊ん子」という電動バイブが創案されて、性風俗の革命などと騒がれた時には、彼も数人噂された発明者の一人に擬せられた。

温泉ブームがもたらしたものはそれだけではなかった。東京オリンピックの前には全国には約一三〇〇か所の温泉があるといわれていた。『ヌード・インテリジェンス』（略称ヌーイン）は季刊のストリップ専門誌だったが、中谷陽編集長によると「そのうちの二〇〇か所くらいにストリップ小屋があった」という。

温泉地のストリップ小屋には熱海や別府など一部の有名温泉をのぞいて、大都会のストリップ小屋とは違う特徴があった。それは大都会の小屋では一日に一〇人以上の踊り子が午前、午後、夜に分かれて出演するのが普通だったが、温泉地のストリッパーは一人か二人、多くても三人止まりだった。しかも年老いた女性も混じっていて、場末の雰囲気をしみじみと感じさせた。温泉としては大きくて、有名なところでも、ストリップ小屋は侘び・寂びの効いた異界だったのである。

中谷氏によれば「この場末感が男たちには人気だったの。宴会でワーワーと騒いだ後、ふっと入った小屋には年老いた踊り子が一人しかいなかった。その子が自分で蓄音機の針を降ろして踊るわけ、その侘しさが何とも心に残るのね」

目立った特徴がもう一つあった。その頃は夫婦でストリップを見物にくる客が一日に一組くらいはあったことだ。夫が性的な刺激として妻を同行するだけでなく、妻の方から「見たい」とせがむ例も同じくらいあったという。

消し忘れビデオ

伊藤裕作の『風俗のミカタ　1968〜2018』によると、裏ビデオの第一号が登場したのは一九八〇（昭和五五）年五月で、タイトルは「星と虹の詩」だったとある。しかし裏ビデオの人気を決定付けたのは一九八二（昭和五七）年の秋登場した「洗濯屋ケンちゃん」だったという。

私は「洗濯屋ケンちゃん」のことも「星と虹の詩」のことも人づてに聞いていたが、エロビデオそのものにはあまり興味を引かれなかった。

しかし裏ビデオはかなり見た。私の知り合いに裏ビデオのコレクターが三人いて、業者から密かに送られてくる宣伝材料をもとに「これは私が買う」、「これは三人で買おう」などと週に一回以上は集まって話し合っていた。三人共同で買うのは値段が高くて一人では手が出せないためで、共同で購入した後二本だけダビングするのだという。

一方、コレクターは当然ながら集めることが第一で、「物」を入手したら、さーっと早送りで見た途端、もう関心は次の獲物に向かっている。これらは数か月後には世間に出回るのだから、面白いもの、ユニークなものを他人よりどれだけ早く手に入れたかという「自己満足」の世界である。

ところが早送りでは見たものの、本当に面白いものかどうか誰かの「保証」が欲しくなるらしい。その時に私が呼ばれるわけである。私は年に三、四回、コレクターの一人のマンションに出かけては、彼らの自慢の裏ビデオを鑑賞して「面白い、素晴らしい」と絶賛し続けたのであった。

この三人とは長く付き合ったが、中でもQさんのことは印象に残っている。

その頃、あるベッドメーカーがラブホテルに試作品を提供して、スプリングの強度や、ベッドの様々な使われ方のデータを収集していると聞いた。いきなり出かけて行って、そのデータを見せてくれるとは思えなかったが、「ダメもと」と思って電話で取材を申し込んだところ、対応してくれたのがQさんで、しかも私がスポーツ新聞に連載していた記事を好意的に読んでくれていた。

Qさんはスプリングの揺れ方（沈み方）から見たラブホテルの特徴についても、惜しげもなくデータを公開してくれた。

ただし夫婦がベッドで愛し合って休むことを前提にした動きからすると、あまりに不自然な動きが多い。機械を設置したのは新宿・歌舞伎町に一軒、錦糸町に一軒、蒲田に一軒だったが、データからすると、どうしてこんな隅っこにあるスプリングにこれほどの荷重が記録されているのだろうと疑問に思うところが多かった。部屋に設置されたベッドが回転式であるとか、全面鏡に囲まれた部屋で、自分たちの姿を様々な角度から楽しむために移動しているなど、ラブホテルの男女は年齢に関わりなく、普段とはかなり異なる動きをしているらしいというのがQさんや会社の結論だったが、ラブホテル専用のベッドを造るのならともかく、一般家庭用としてはこの動きは参考にならないとしてボツになったそうだ。惜しげもなくデータを見せてくれたのもそのせいだった。

Qさんが消し忘れビデオの収集に目覚めたのも、この仕事がきっかけだった。ラブホテルを訪ねるうちにホテルのマネージャーがサービスとして見せてくれるようになったのである。それを見たQさんは「ぜひ譲ってほしい」と懇願したが、モノがモノだけにマネージャーに対する謝礼がかさばり、私が知り合った頃までにコレクションできたのは三十数本。「これ以上のめり込んだら家庭崩壊だ」と決心して縁を切ったという。

私はそのうちの一〇本を見せてもらったが、その中で次の二本が強く印象に残った。

一本目のビデオに登場したのは五〇前と思われる男性と三〇代半ばの女性である。すでに最初のセックスが終わり、男性がこっそり再生しようとしたら、機械が故障していて（故障ではなく、再生や消去ができないように細工してあったのだが）ビデオのスイッチを切ろうとしても切れないというシーンであった。

男性はビデオ装置の前で様々な表情をして、女性の顔がビデオに映ることを防ごうとしていた。実はビデオを撮影していたこと自体を女性に秘密にしていたらしく、女性がベッドから何か話しかけるのに対して、生返事をしながら機械に向かってあかんべえをしたり、鼻の穴をレンズにくっつけたりしている。そんなことをしてもどうにもならないことは男性自身が知っていたはずだが、その必死な百面相が何ともおかしかった。

まもなく女性が誘う声がして、二人の第二ラウンドが始まるのだが、男性は女性にキスしたりしながら、レンズに向かって舌を出したり、「あっちへ行け」といわんばかりに手で払いのけるような仕草をしていたが、そのうちに、いきなり画面が真っ暗になってしまった。

もう一本は冒頭の三、四分、画面に見えるのはベッドの真っ白なシーツだけ。どうやらビデオを設定する時、レンズの角度を間違えたようである。

「まだベッドインしていないのかな」

と思いながら見入っていると、シーツが小刻みに震え、風紋のようなシワがピピッと表れた。一〇秒くらい経つと、またもや風紋のようなシワがまたピピッ。さらに一〇秒後、風紋がピピッ。さらに一〇秒後……。

それからは台風が上陸する寸前の海岸のようにベッドが波打ち始めた。風紋は白い高波へと変わり、ベッドは上下している。その波が一層激しさを増したと思ったら、突如静寂が訪れ、画面の左下隅にほんの一センチほど女性の足の親指らしいところが映ったのであった。

風紋の回数は実際はもっと多く、打ち寄せる高波のようにシーツが波打つ時間も長かったと思うが、それにしてもカメラの位置を間違えたことが生み出した見事な傑作だった。

ただし一つだけなぞが残った。このシーツの乱れが人工的に作り出せるものでないことはみればすぐにわかるが、男女がどういう形で交わったら、こういう風紋が発生するだろう？

そのなぞは経験不足の私には今もって残り続けている。

三本のビデオ

花電車

風俗ライターを続けるうちに、読者から連絡をもらうことが増えた。手紙だけの人から写真だけの人、彼女の官能の声を録音した人など、その方法も多彩であった。

ビデオがブームになった昭和六〇年代にはビデオで送られてくるケースも多くなった。

「花電車」とはストリップ用語で、踊り子が陰部に筆をはさんで舞台の上に置いた紙の上に「大吉」と書いたり、女性器に入れたバナナを膣口で切るなどの芸をいう。昭和初期の「エロ・グロ・ナンセンス」の時代にエロ・カフェで始まったとも、東京・玉ノ井遊郭の娼妓が個性をアピールするために創始したともいわれている。

横浜市のWさんから「我が愛する妻の秘芸」と表記された箱が送られてきたのは平成の最初の年だったように記憶している。Wさんとはそれまでに何度か電話や手紙のやり取りを行っていて、有名な鉄鋼メーカーの重役であることを知っていた。そういう人物が吐露してくれる「妻の秘芸」に私は興味を抱いた。

画面が出てくると、床の上に竹で編んだ籠《かご》が置かれていて、その手前に白いテープが貼られている。テープの手前に「70センチ」と記した文庫本くらいの白い紙があり、テープの端にはスタート地点を示すテープが直角に伸びている。

「T子も上手くなったよな」

と奥さんに呼びかけるWさんの声と、「こんなことばっかりさせるんだから」という奥さんの返事に続いて、浴衣姿の奥さんが映し出される。

「浴衣を取りなよ」

というWさんに、奥さんは「これでいいの」と答えている。

次のシーンは真横から撮影したもので、奥さんは野球の捕手のように座ったスタイルから、やや体を反らして浴衣の端を払うと、卓球の球が陰部からポンと飛び出し、竹籠から一〇センチくらいの地点に落下した。球を陰部に挿入する場面はなかった。Wさんは「惜しい！　惜しい！」と連呼、奥さんも悔しさを込めて「ああ！」と叫んでいる。

奥さんはそこで浴衣を脱いだらしく、第二弾は全裸で、しかも真正面からのカット。ただし球はここでも脇にそれた。卓球の球がそれからどれくらい「発射」されたか不明だが、次のシーンでは竹籠にすっぽりと収まり、続く一撃も見事に的中した。

ビデオはそれだけで全部で一〇分足らずの短いものである。私はストリップの「花電車」も素人のそれも、「花電車」そのものを見たことがないので、ほかと比較することはできないが、本職のストリッパーがやる場合、あらかじめ卓球の球を五球くらい陰部に入れて、次々に発射するので、その迫力がすごいと聞いた記憶がある。

その点T子さんは一球ずつ挿入しているらしく、動きもぎこちない。しかも、例えばWさんが「アソコを締めて」と声をかけるなど、もっと二人の会話があってもよさそうだがそれもなかった。全体の印象からして、Wさんには「花電車」に関する知識がほとんどないのではないかと想像された。テレビか雑誌で「花電車」のことを知ったWさんが奥さんを口説き落としたところ、ことがうまく進んだ。私のところへ送られてきたのはその成果というわけである。しかし二人が存分に満足していることは、このビデオを私に送ってきたことが何よりも証明していた。

この話には後日談があり、私がお礼の手紙を差し上げたところ「家へ飯を食いにきませんか」と誘われたのである。私は奥さんの「実演」を期待してその誘いを受けた。

この夜は奥さんもご機嫌で、ワインを飲みながら「この間は一メートルの距離を五本中二本決めちゃった」などとはしゃいでいたが、「実演」の方は「どうしても恥ずかしい」というので叶わなかった。

帰り際、「次回には」と奥さんにいうと、奥さんは笑いながら「その次の次くらいにはね」といってから「いや、さらに次くらいかな」といった。

電飾人間

「人間クリスマスツリー」というタイトルのついたビデオが送られてきたのは一九八四年のことだった。

四国に住む二〇代の男性から七枚の写真とともに長さが一五分ほどのビデオが送られてきた。写真にはナンバーがふってあり、第一は二人が乳房の下あたりに穴を空け、直径三センチくらいのワッカをぶら下げているカットで「高二の時、二人で消毒しあいながら縫い針で空けて行きました」という説明が付記されていた。二番目は自動シャッターで撮影したもので、二人のワッカに電線を通して豆ランプにつなげられていた。スイッチを押すたびに豆ランプがついたり消えたりする仕組みである。

この二枚は同じ時期に撮影されたものだが、これ以後、写真のナンバーが増えるごとに二人が体に空けた穴も増え、途中にぶら下げた豆電球の数も賑やかになって行く。さらに最初の写真では巨大なワッカがぶら下がっていたのが、豆電球を飾る時以外は普通のピアスに変わっていた。

さて「人間クリスマスツリー」のビデオだが、映されたピアスの数は男性が八個、女性が一〇個。奥さんの陰部の両脇にピアスが施されていた。噂では一〇年ほど前から聞いていたが、実物を確認したのはこれが初めてだった。

私が二人を訪ねたのは一九八五年の九月である。空港まで迎えに来てくれたYさんは、私を助手席に乗せると「お会いするのを楽しみにしていました」といって体を揺さぶった。

「チリチリ」といった金属音がしたのでＹさんを見たところ、「大きめのピアスに鈴をつけてきました」とのことだった。それが私に対する歓迎の念の表れだったようだ。

Ｙさんによると二人は中学時代から同級生で、高二の時に初めて関係を持った。二人の性生活の基本はその時に決まったという。

当時奥さんは実家の近所に住んでいた。母親の姉さんが手広く裁縫の請負仕事をやっていたが、数年前に急死、娘時代の奥さんは食事や入浴以外はそこで生活していたのだ。部屋にあったケースにはおばさんが使っていた針山が十数個残っていて、針がたくさん刺さっていた。

最初の関係が終わった後、Ｙさんはケースから数本の針を抜き出すと、奥さんの乳房の下をチクチクと刺激した。奥さんはくすくすと笑いながらされるままになっていたが、Ｙさんは「ボクにもやって」とせがんだ。それから一週間後には二人で一〇本くらいの針を結わえたものを作って、お互いに刺激しあったという。

「ボクたちは二人とも相手に突いたり、刺したりして愛し合ってきました。その気持ちは一〇年間変わりません」

Ｙさんは車の中でそういった。聞いている方が気恥ずかしくなるほどのストレートさだった。

さてＹさんのマンションでは赤ん坊を抱っこした奥さんが出迎えてくれた。生後三か月だという。そういえばビデオに映った奥さんは妊娠中だったことを思い出した。

食卓にはすでに食事が用意されている。

「子どもが寝ている間に二人の遊びを見ていただきたいので」

というので遠慮なくご馳走になった。

一時間後、奥さんが片付け物をする間に主人がビデオ撮影の準備にかかり、床や背景に暗幕を張り、両サイドに衝立《ついたて》を立てた。

まもなく「あなた」と奥さんから声がかかり、Yさんも衝立の向こうに消えた。

それから三〇分あまり「チャラッ、チャラッ」という音とともに二人が横歩きで姿を見せた。全裸の体全体にワッカをぶら下げ、それが豆電球をつけた線で結ばれている。線は奥さんの陰部にも伸びていた。

「これが私たちの愛の形」と奥さんがいい、Yさんも「人間クリスマスツリー」と叫んだ。

二人は自分たちの秘密を初めて他人に披露したせいか相当に高揚していたが、見ている私は先ほどよりもさらに気恥ずかしい感じがした。

その直後、隣りの部屋で赤ん坊が泣き出した。二人は急いで線をはずそうとしたがバタバタしてうまくいかない。「私が見てきましょうか」というと、奥さんは「すみません」といった。私は隣りの部屋でベビーベッドに寝ていた赤ん坊を抱っこして戻った。赤ん坊は抱かれて安心したのか、またも寝入っていた。

私は赤ん坊をあやしながらその様子を見ていた。若いカップルは赤ん坊が寝入ったことで安心したのか、再び「人間クリスマスツリー」と叫びながら、豆電球をピカピカと点灯し始めた。

若い夫婦が体中にぶら下げたワッカに電線を通して「人間クリスマスツリー」と叫び、その光景を赤ん坊をあやしながら眺めている私……数多い取材の中でも、思い出すたびに笑ってしまうシーンであった。

その後、Yさんとは年賀状のやり取りをしていたが、ある時、「その後、人間クリスマスツリーの方はどうですか」と書いて出したところ、「子どもが四人になりまして、そんな段ではありません」というハガキが返ってきた。

蝶が飛ぶ

東京・麻布に初のSMマニア向けのラブホテル「アルファイン」がオープンしたのは一九七九（昭和五四）年六月である。それからちょうど一年後、「アルファイン」から車で一〇分とかからないところに商業ベース初のSMクラブである「ブルーシャトー」がオープンした。オーナーは葵マリー（初代）といい、元東映女優と聞いた。

SMブームのさなかにこれらの店がオープンしたことは象徴的だなとは思ったものの、取材に行くことは考えていなかった。私は取材対象を素人に限定していたこともあって「作られたSMの中には入りたくない」という思いが強かったのである。「作られたSM」とは演技としてのSの女王と、マゾごっこに酔っている男たちといった意味である。

それに対して「だまされたと思って、あそこに記録されているビデオを見てごらんなさい、とにかく面白い」とけしかけたのは付き合いのあるエロ雑誌の編集者だった。「客の一人一人があなたが探している人々ですよ」という。

私はこの編集者にあおられるように取材を申し込み、マスコミの取材の参考資料として編集されたビデオを貸してもらった。客のプライバシーを侵害しないようにカットされている部分も多かったが、その中に忘れられないシーンがあった。

客の年齢は六〇代そこそこ、撮影は「アルファイン」で行われたが、男性の意向で「ブルーシャトー」から二人の女性が出向いたという。ただし一人は撮影係りで、画面には一度も登場しない。

その画面に部屋の様子が映し出されると、半分は木の枝のようなものに覆われていた。女王さまが「これ、何?」と尋ねると「野茨《のいばら》です。うちの庭のものです」と男性が答える。女王さまが再度、「こんなに沢山の野茨をどうしたの?」と質問すると、「昨日家で刈り込んで、軽トラで運んできました」と応じた。

ここで二人が画面に登場するが、男性は後ろ向きで全裸、女性は皮革のブーツや長い手袋をまとったボンデージスタイルで、顔はマスクで隠している。その後画面はさらに変わって、女王さまが男性の顔をヒールで突くと、男性は仰向けに倒れ、女王さまが男性のペニスを踏みつける場面。

そして画面が変わると、男性が野茨の端に置かれた台の上に立っていた。高さは女王さまの背丈と同程度、一六〇センチ前後と思われた。そこで両手を広げると「蝶が飛ぶ!」

と叫んで野茨の上へ飛び降りたのであった。

実は男性が何と叫んだのか聞き取れなかったので葵さんに電話したところ、自分たちもビデオを見た時に聞き取れず、現場にいた二人の女性に確認して、「蝶が飛ぶ！」であることがわかったという。撮影係りの女性が「なぜ、蝶が飛ぶなの？」と質問したが、男性はニコニコ笑いながら答えをはぐらかしたそうだ。

男性は頬のあたりから体の前部まで野茨のとげが刺さって傷だらけに血だらけだった。これだけである。男性はそのためだけに、自宅の庭に植えていた野茨を自ら大量に持ち込み、ＳＭ嬢の前で「蝶が飛ぶ！」と叫んで満足したのである。ＳＭ嬢の料金や二日分のホテルの使用料がどれくらいかかったかは知らない。

私にはそのどこがいいのかまったく理解できなかった。確かなことは彼がそれだけの金と労力を費やして十分に満足していたことである。

その無駄な労力にはいとおしささえ感じた。

四十八手

「四十八手」という言葉は、性の風俗史ではなじみ深いものの一つである。いうまでもなく男女が性交する際の体位を表したもので、言葉の由来については体位が四十八種類あるからとか、そんなに多いということの表現など様々な意見がある。しかし実際に性の経験を持った者にとって、この言葉はあまり意味がない。四十八手すべてを試してみるといったことは普通の夫婦や男女ではあり得ないからだ。

その中で私は四十八手すべてを試したという男性に二人会った。一人は末永勝介さん、もう一人は九重《ここのえ》京司さんである。ただし四十八手集のどれを参考に使用したかは本人たちにもはっきりしない。「温泉土産」に記したように四十八手集は戦後、温泉への慰安旅行が盛んになってから、有名温泉の土産物屋で売られたものが多くて、江戸時代から四十八手集というジャンルが確立されていたわけではない。末永さんは東京・上野のガード下に並んでいた露天の本屋から買ったもので、ちゃんとした本の形をしていたが、九重さんの場合、芸者置屋に放り出されていたものを使ったので、本の体裁も題名も記憶にないという。

末永さんは一九二三（大正一二）年、鹿児島県に生まれ、性風俗の世界では『夫婦生活』の編集長として知られ、その後、性風俗のライターとして活躍した。また社会評論家の大宅壮一氏の蔵書を中心に開設された大宅壮一文庫の専務理事を務めた。

『夫婦生活』は一九四九（昭和二四）年五月創刊。創刊号から大きな話題を呼び、雑誌としては初めて増刷したという記録を残している。「良人を満足させる妻の性愛技巧」「女の愛液は人によってどう違うか？」など、カストリ雑誌の安直な記事とは一味違った特集が好評を博したもので、のちに婦人雑誌や女性週刊誌に大きな影響を与えた。

末永さんが四十八手を試したのは『夫婦生活』の編集長に就任後まもない頃だった。敗戦後には、江戸時代の四十八手ものの復刻を装った春画が五、六種（もしくはそれ以上）出回っていた。「編集長に就任したからには一度はこのテーマに触れないではいられない」と考えたのである。と同時に本人が結婚したのも同じ頃だったから、性的な刺激もあったという。だが試した結果はといえば「私は柔道三段で体力があったから保ったが、あんなことを試すのは愚の骨頂」と確信したという。ちなみに「体力が保つ」とは長時間セックスを行う疲労もさることながら、女性を不自然な格好で抱え上げるなどの不自然な労働を意味するのだそうだ。

九重京司さんはいわゆる「ピンク映画」の全盛時代に、名バイプレーヤーとして数多くの作品に出演した俳優である。

九重さんは一九一〇（明治四三）年、高級官僚の息子として生まれ、慶大文学部を卒業後、松竹に入社、小津安二郎監督の助監督を務めた。その後、東宝から明治座の文芸部長を経て、一九六〇年代後半からピンク映画に出演した。

四十八手に挑んだのは太平洋戦争が始まって一年半ほど過ぎた一九四三年春のことである。

その頃の九重さんは東京・神楽坂の芸者と熱愛中だった。実家が豊かだったせいもあって経済的には恵まれていたが、映画や芝居の製作には軍部によって様々な制約が設けられ、それが好転することも望めないような状況だった。当時はその芸者と神楽坂の置き屋で同居していたが、将来に何の展望も見えないまま、突如四十八手でもやってみようかなと思い立ったという。そういう意味では時代の閉塞感から抜け出したいという意志の表れだったわけである。

九重さんの感想は末永さんとも違っていた。

「セックスをやりすぎるとお天道さんが黄色く見えるというでしょ。あれをいい出した人はまだまだですね」

というのが実感だったそうだ。それというのも一週間か一〇日ほど経って完遂した翌朝、どうしても出かける用があって玄関へ出てきた。前日から春到来といういい天気だったが、靴を履きながら「何か変だなあ」と思っていたが、外へ出ようとして、その理由に気が付いた。世の中の風景がすべて白黒にしか見えないのである。その瞬間、大地震などの天変地異が起こる前触れではないかと錯覚したという。

ところがしばらくすると風景が黄色を帯びた色に見えるようになり、さらに三〇分くらいかけて全ての色彩が徐々に戻ってきたという。つまりお天道さんが黄色く見えるようではまだまだ性を極め尽くしたとはいえない。それを過ぎるとモノクロの世界が現出するというわけである。

九重さんは日本各地に祀られた性神の研究家としても知られ、数冊の著書もある。性神研究のきっかけになったのが四十八手への挑戦で、子孫繁栄もさることながら、そこには性の世界を極めたいという古人の思いもこもっているはず、そういう庶民の素朴な夢も次代に伝えたいというのである。

千人斬り

「京都には大納言、中納言、少納言という言葉が残っている」

と教えてくれたのは間武史さんだった。

同氏によれば、大納言は女千人斬り、すなわち千人の女性と関係した男を意味し、中納言は五百人斬り、少納言は三百人斬りを指すのだという。これらは本来、奈良時代に制定された官職の名称で、太政大臣や右大臣、左大臣などの補佐役を指している。『源氏物語』の主人公である光源氏は物語の進行につれて大納言から内大臣、太政大臣と登り詰めているし、平安時代の代表的な歌人である藤原公任も、小倉百人一首では「大納言公任」と記載されている。そういう古代の行政用語が、京都では女遊びの達人を意味する性の隠語として一千年以上生き続けてきたのである。

間さんも高校二年生で筆下ろし（女性を初めて経験すること）をすませたのを皮切りに女性経験を重ねていったが、少納言は愚か、五〇人に満たないうちにＳＭの世界に没頭するようになったそうだ。間さんの知り合いには大納言と少納言がそれぞれ一人ずついたという。

ところで大納言、中納言、少納言といった記録はどうやって証明するのか。つまり自分は一〇〇〇人の女性を征服したとか、五〇〇人、三〇〇人の女性と関係したという「事実」を他人に納得させる方法はあるのだろうか。古代や中世の天皇、そして江戸時代の将軍や大名などの女性関係は、それが臣下の力関係に影響を及ぼすだけに周辺も目を光らせていたが、庶民の場合、証明することの不確実な行為の最たるものである。

間さんは最初、自分も大納言を目指すつもりでノートに細かい記録を残していった。しかし後に大納言に達した先輩から「女性の陰毛をコレクションしろ」とアドバイスをされたそうだ。京都では「あいつがヘアを集め始めた」といえば、千人斬りを思い立ったと理解された。その結果、花柳界の女性の間では「お声がかかれば、できることをさしてもらいましょ」という声も聞かれた。どの程度「彼女たちの協力」があったかは不明だが、この男性は大願成就した後、「ヘア・コレクター」としてテレビや週刊誌にも紹介された。

千人斬りにまつわるさらなる疑問。千人斬りはどれくらいの時間と費用がかかるのか、そしてそれに見合う満足感は得られるのか？　つまり千人斬りは果たして男の勲章なのか？

まず時間と金のうち時間については大雑把ながら追跡が可能である。間さんの先輩の場合、思い立ったのが一九四六年か四七年で、成就したのが一九七〇年。実際に要した時間は二三年から二四年。私が直接取材できた川上さんという男性の場合、スタートは大学を卒業した次の年の一九六四年で、完遂したのが四〇年後の二〇〇四年、人生を賭けた一大事業になった。ただし二人とも費やした金高についてはまったく不明のようだ。

一方、男の勲章なのかという問題については自己評価がはっきり分かれた。間さんの先輩は「ヘア・コレクター」としてテレビに出演したことなどからも誇りとしていたことがうかがわれるが、川上さんの場合、「人生最大の汚点は千人斬りをしようとしたことです」と断言した。

川上さんは当初、プレイボーイと呼ばれることを志したという。大学卒業後、自動車会社の宣伝部に就職した川上さんは、猛烈な忙しさの中でも一流バーやクラブで遊び、月に二回はトルコ風呂（現在のソープランド）に通った。一年目はソープの女性二〇人にクラブの女性一人の二一人。一年を振り返って「よく遊んだなあ」と思っていた時、ふと千人斬りを目指すかという気になった。一〇日に一回ソープに通い、バーやクラブの女性を月に一人ずつゲットすれば一年で四〇人から四五人、二〇年から二五年もすれば夢は実現することになる。二四歳の川上さんにとっては「楽勝」とすら思われた。

しかし千人に達したのは四〇年後の六四歳の時。たくさんの女性と関係すれば、お互いに好意を持つケースも出てくる。だがその情に流されると千人への道はとざされかねないので、その場限りの縁とする。それればかりか気に入った女性がそばにいるのに、ホテルを出たら、近くの公衆電話から次の女性に電話をかけるということも何度かあった。

当然、女性は激怒し軽蔑する。軽蔑されることすらプレイボーイの証しとしてニンマリしていたが、次第に虚しさが募ってきた。ついに「会社を辞めようか」と思い詰めるほど追い込まれ、女を一切断った。しかし半年を過ぎた頃から再び昔の虫が起こり、再度挑戦。

二〇人くらいの女性と体験した頃に、またもやうつ状態に陥り頓挫。

こうして頓挫と復活を繰り返しながら、やっと到達したのである。それほど苦痛なら、なぜ中止しなかったのか？

「千人斬りは一種のセックス依存症ですね」

というのが川上さんの答えだった。後悔もするし虚しいことも限りない。それでもまた虫が起こってくる。そんな状態でないと、実現できないものだそうだ。

女装マニアと原爆記念日

岡田佐和子さんと初めてあったのは東大阪市の街はずれにあった平家建てアパートの一室であった。部屋の前には子ども用の三輪車と自転車が並べてあり、やはり子ども用の短パンも二、三枚干してあった。その様子から幼児と小学低学年の子がいるという設定であることが想像された。設定とはどういう意味かといえば、岡田さんは女装マニアで子どもは一人もいないからだ。ちなみに自転車や三輪車の位置は時折り変更し、干し物の種類も変えているという。

岡田さんのことは女装マニアの雑誌『くいーん』の編集部から紹介してもらった。「女装マニアの中でもユニークな人を紹介してほしい」という私の注文に、同誌の女性編集長が挙げたのがこの人だった。その理由について、編集長はこう説明した。

「岡田さんはすでに六〇歳を超えていて、和服を着た体はかなり肥ったおばさんです。女装のセンスも決していいとはいえません。ほかのマニアにとって女装とはもっとも美しい時の自分を残したいという思いの表現であって、歳を取って太った岡田さんのことを醜悪という人もいます。そういう罵声を浴びせられても、岡田さんはどんな自分もきれいといい切っています。私はそこが好き」

岡田さんに二度目か三度目に会った時、六人の親しい女装マニアの話になった。その話の流れから、私がつい「いっそのこと、心斎橋から難波あたりまで六人で、原爆記念日にパレードしたらどうですか」と口走った。

これはなぜ原爆記念日に女装マニアがパレードするのか？　というエピソードである。六人は市内の女装クラブや『くぃーん』の読者交流などで知り合ったもので、毎年、真夏に東大阪のアパートで女装パーティーを開いていた。最初は一〇月の気候のいい時に開いていたが、メンバーの一人が「八月の最初の週にできないかなあ」といい出した。その理由を尋ねたみんなが彼のいい分に共感して日程を変更したという。

それが広島の原爆だった。

この男性を仮りにUさんと呼ぶ。広島市の出身で、兄と従姉妹が原爆で死亡。その日、母はお腹にUさんを抱えて親戚の所へ出かけていたので助かったという。彼が女装に興味を持ち始めたのは一九六二（昭和三七）年で、高二の春だったが、女装趣味が徐々にエスカレートする一方、夏を迎えるのが苦痛になった。なぜなら広島は夏になると原爆反対のムードに包まれる。兄と従姉妹の二人を原爆で亡くしているのに、Uさんは原爆反対よりも女装への興味がまさった。そのことに後ろめたい気持ちを抱いたという。現在は大阪に住んでいるが、移住の理由もそこにあった。

一〇月に女装の会を開くようになって二年、真夏に変更して三年、私がパレードのことを口走ったのは三年目の一一月であった。

私としてはその場の思いつきであったが、世間の常識に対する挑戦であり、女装マニアとして引け目を感じながらウジウジと過ごしているより、思い切って恥をかいた方がスッキリするのではないかという思いもあった。

もう一つ感じていたことがあった。その頃、カメラマンの「アラーキー」こと荒木経惟さんの人気が急上昇していて、私は荒木さんと親しくしてもらっていたから、「アラーキー」が写真を撮ってくれるとなったら、六人もやりやすいはずだし、女装マニアが心斎橋をパレードするというのは荒木さんにとっても絶対のテーマだと思われたことである。

数か月後、岡田さんから「みんなが乗り気になっているからパレードを実現させたい」と連絡があった。しかも映画会社の東映のメーク係の女性がその話に興味を抱いて、化粧の手ほどきをしてくれるというおまけまでついてきた。六人それぞれに女装したい女性像を語ってもらい、それにふさわしいメークを指導するというのであった。

私もその話にすっかり興奮して、早速荒木さんに連絡した。

だがことはそう上手くは運ばなかった。「その期間は外国へ出かけている」などののっぴきならない事情で、どうしてもダメというのである。私は「スケジュールを変更できないか」とか「いつまで待てば実現が可能か」などとかなり粘ったが願いは叶わず、最後は荒木さんを怒らせてしまった。

岡田さんたちにも荒木さんとのやり取りがうまくいっていないことが次第に伝わって行った。その結果、映画監督の山本晋也さんがテレビ朝日の「トゥナイト」という番組で人気を博していて、その番組に自分たちの方から話を持ちかけようということになったようだ。すでにその年の八月六日には間に合わなくなっていたが、来年に向けて働きかけようというのである。私は山本監督も知らない仲ではなかったので手助けしようかと思ったが、手柄を横取りするかのように思われるのもいやだなと思って、いっさい手を引くことにした。

その後、番組の中でこのパレードが実現し、放映されたかどうかは知らない。しかし今でも思い出すたびに「惜しかったなあ」と感じる一件である。

ＳＭ雑誌の面々

一九七〇年代はＳＭが社会現象になった時代だった。ＳＭ雑誌がブームになったばかりでなく、週刊誌やテレビでもSMを取り上げることが定番となり、ビデオや日活ロマンポルノなどでも次々に作品が作られた。その浸透ぶりはただごとではなかった。

私は性風俗専門のフリーライターといっても活字の記録を中心としてきたから、ビデオや映画のことになると事情が分からない部分が多い。

ただ、今振り返ってみるとSM雑誌にはユニークな人々が参集していたことは確かである。例えばあるSM雑誌の編集部は有名な私立大学と警察のほぼ真ん中に位置していた。噂によると編集長はこの私立大の学長の息子だったが、学生運動の活動家上がりで、警察にも何度か逮捕された。そこで父親と権力に対する反発の意を表すために編集部をここに設けたという。「出来過ぎた話」とも思ったが、関係者の間では知られたエピソードだった。

この編集部では立川の米軍キャンプの中にSM撮影用の一室を借りていた。グラビヤの撮影がてらSMパーティーをやっていたようだ。当時は米軍兵士の宿舎であるかまぼこ兵舎のあちこちに空きができたため、モダンジャズのプロを目指す若者たちなど、低い家賃で借りている若者グループがほかにもあった。

『SMセレクト』は七〇年代のSM雑誌ブームの主翼となった雑誌だったが、編集長の仙田弘氏は中世文学に造詣が深く、いつでも大学教授が務まる人物と聞いたことがある。編集部は神保町から近いところにあったが、私はある古書店で、古めかしい資料を読んでいる仙田氏と出会ったことがる。そんな学者とは知らなかったが、「資料を読む姿がサマになる人だな」と思った記憶がある。その時は差し障りのない話をして別れたが、編集部の近くにある私立大学から誘われたことがあるという話も聞いた。

ＳＭ雑誌の編集者はシュールな小説を書きたいと考えている文学青年が多く、一時期、新宿のゴールデン街にはそういう若者が溢れているともいわれた。私自身、彼らの溜まり場といわれる店へ誘われたことがあったが、彼らの文学談義にはついて行けなかった。

京都の八坂神社の近くに「Ａ亭」という料亭がある。幕末に勤王の志士たちが出入りしたことで知られ、観光名所だらけの京都でも著名な場所の一つである。間武史さんはその一族にあたる。私が知り合った頃の間さんは『ＳＭウイップ』というＳＭ雑誌を主宰、同誌はＳＭ雑誌ブームの中でも、異端の書として注目されていた。

間さんがＳＭに目覚めたのは幼い頃で、まだ料亭の中で育てられていたから、お客さんの座敷に遊びに行くことも珍しくなかった。そこでは有名人が舞妓を縛って楽しむ場面もあり、そのシーンが脳裏に焼き付いたのだ。間さんは作家の谷崎潤一郎と信時潔という有名な作曲家に対する芸妓や店の仲居の噂話を今でも覚えている。それによると谷崎は女の子を大事にして、その気持ちが通じてから縛るから好感を持たれていた。これに対して信時は「海ゆかば」という歌の作曲で知られ、戦時中には神様のような扱いをされていたが、その頃身についた傲慢さが抜けなかったのか、ヒステリックで傲慢そのものだったという。

ところで本論からちょっと脱線させてもらうが、「宮さん、宮さん、お馬の前でヒラヒラするのは何じゃいな」という歌がある。いよいよ勤王vs幕府の勝負が天王山を迎えて、勤王方が江戸へ向かって進軍を開始した時に歌われたといわれ、後に枢密顧問官を務めた品川弥二郎が作詞したともいわれている。ちなみにこれが日本初の軍歌である。

この歌詞は「あれは朝敵征伐せよとの錦の御旗じゃ知らないか」と続くが、この錦の御旗の実物は当時の「A亭」の女将の腰巻が転用されたという話を聞いたことがあった。その真偽を求めて私は結構、あっちこっちと走り回ったが、その時にたどりついたのが間さんだった。

SMマニアとしての間さんの最大の特徴は「日本には本物のSの女王がいない。だから私が育てている」という点にあった。当時はSMクラブも相当な数に上り、テレビや週刊誌では「Sの女王」と称する女性が次々に紹介されていた。しかし大半は「稼ぎになるから」と演じている女性たちで、私が会った「Sの女王」の多くは映画の大部屋女優と演劇志望の女性だった。

間さんはそれらの「生活臭が滲み出てくるような底の浅いSの女王」にうんざりして、「これは」と目をつけた女性に本当の贅沢を味わわせて本物の女王に仕立て上げようとしたのである。間さん自身「ちょいとしたバカの極みでしょ」と笑っていた。

そのプランの中身も聞かせてもらったが、ここでは省略する。説明しても「そんなバカなことをする人がいるはずがない。フリーライターのでっち上げだろう」と決めつけられるのがオチであるからだ。

ただし実際には京都市内に所有していた貸家を次々に売り払うので一族が猛反発、一族の総意で準禁治産者にされた上、その女性を詐欺で訴えるという騒ぎにまで発展していた。何度目にか会った時には裁判の話まで出ていたから、訴えは取り下げられなかったのであろう。

ところで最初に紹介した錦の御旗は「A亭」の女将の腰巻だったというエピソードの結末だが、「あれは店の蔵にあった紅白の幔幕の赤い方を使った」と聞いた記憶があるとのことだった。腰巻説を間さんも耳にしたことがあるが、「それはないでしょ」と軽く受け流された。間さんにとって本物の女王作りに比べると、錦の御旗が腰巻かそうではないかなど、大した話ではなかったようであった。

泥棒貴族

東京・新宿に「泥棒貴族」というスナックがあることを知ったのは一九七八（昭和五三）年だったと記憶している。あるいは七七年だったかも知れない。場所は新宿御苑に近いビルの地下で、入り口には「泥棒貴族」と書かれた電光の看板があるだけ。ちょっと見には何の店か見当もつかなかった。

「泥棒貴族はスナックだが、ママがSでなじみ客とSMプレイをやっている」

私はある人からそう紹介され、時間を指定されて出向いたのである。その頃、中野とか錦糸町などにＳＭクラブができたといった噂が飛び交っていた。噂の段階から一歩進んだ情報が、やっと入手できたのである。

ちなみに麻布十番の近くにＳＭ専用ホテルの「アルファイン」がオープンしたのは一九七九年。すぐ近くにＳＭクラブの「ブルーシャトー」がオープンしたのが一九八〇年である。この二つはマスコミでもしばしば報じられ、それぞれに大変な賑わいを見せていたが、「泥棒貴族」はマスコミに一切登場していなかった。

店に入るとカウンター式のバーがあり、両脇がカーブする形になっていた。手前には一〇個ほどのイスが並び、五、六人のいかにもエリートサラリーマンといった感じの男性が座って私を見つめていた。

ママの姿は見えない。奥にもドアがあり、その向こうにも部屋があることがうかがわれたから、そこにいたのだろう。

私は自分の名前を名乗って、ママに会いたい旨告げた。ところが、そこからが思わぬ展開になった。一番手前のイスに座っていた男性が寄ってきて「お会いしたくないようですからお帰りください」といった。

その高飛車ないい方にカチッと来たが、「いや、約束が取れていますので」というと「それは承知していますが、会っても意味ないと思いますよ」という。私はさらにムッとして「意味があるかないかは私の問題なので私が決めます」と言葉を返した。

すると相手から、こう言われた。

「はっきりいって私たちは女王様の聖水をいただく者どもです。しかし私たちの行為は高い精神性に基づくものであり、そのような精神性はあなた方ジャーナリストには理解できません。だからお帰りなさいというんです」

念のために説明すると「聖水」とはおしっこのこと。つまりママのおしっこを飲むことを喜びとしているというわけである。言葉はこの通りではなかったかも知れないが、内容に間違いがないことは断言できる。私にとって、それくらい衝撃的ないわれ方だったからだ。

正直のところ、ジャーナリストの精神が高いか低いか、それまで考えたことがなかったから、「あなたはレベルが低い人間だ」と決めつけられると「はあ」とうなずくしかない。

彼はさらに続けた。

「あなた、私の名刺を見たらびっくりするよ、私は会社では一〇〇〇人からの部下を抱えている。私が判断を誤ったら会社の行く末も危うくなるし、日本の未来だって心配になるんだ。私はその精神のバランスを保つため、こうして聖水をいただいているんだ」

私は高尚な彼のお説教に半ば感服してしまった。これまで多くのＳＭマニアにインタビューしてきたが、一流企業のエリートサラリーマンであることとマゾ志向を直接結びつけた人には会ったことがなかったのだ。「日本のＳＭはこういう身もふたもない自意識」に支えられているのかと思ったのである。

私も「精神性の低い人間」として反論させてもらった。

「そうですか。日本の経済の高度成長はあなた方のようなマゾのおしっこ飲みによって支えられているわけですか」

私のいうことはそこにいた全員を怒らせたらしく、みんながいっせいに私に詰め寄ってきて店から押し出されてしまった。しかし押し出されながらも、私が発した文句は案外、的を射ていたのかもしれないと思っていた。

当時、私は美容のために自分のおしっこを飲んでいる女性を二人知っていた。また須磨利之さんとともに日本のSMを作ってきた辻村さんとも付き合いがあり、「夏の暑い盛りにスポーツで汗を流した女性にビールを飲ませて、そのおしっこを飲んでごらん、それは美味だから」といわれていた。「騙されたと思って、一回私のいいなりになってごらんよ」とも念をおされていた。だからおしっこを飲むという行為は存外世間で行われているんだなあと感じていたが、「泥棒貴族」のサラリーマンたちは恥ずべきマゾ行為の弁解としているように思われた。おそらく経済の高度成長のもとで、拡大する仕事と負うべき責任の量はサラリーマンにも相当な緊張を強いたはずである。彼らは女王のおしっこを飲むという行為によって、精神のバランスを取っていたのかもしれない。経済の高度成長期にSMブームが到来したことを、私は精神のゆとりができたからとみなしていたが、精神の緊張が強すぎたからという見方も当然心に留めておくべきだったのだ。

私はこの感慨を風俗ライターとしての自分の到達点の一つだと思っている。そしてそれは決して皮肉のつもりではない。

同時代史の資料をさがして

医学雑誌

一九七三（昭和四八）年、私は犯罪学者の中田修・東京医科歯科大教授（当時）に勧められて日本精神神経学会と日本犯罪学会の会員になった。まだ産経新聞出版局に勤めていた時のことである。

中田教授は特異な犯罪の精神鑑定を三〇〇件以上担当したという犯罪学の大家で、その鑑定書を私が所属していた雑誌で連載できないかというのがお近づきになったきっかけだった。できることならそれを一冊の本にまとめたいとも計画していた。当時の常識からすれば、精神鑑定書は学者や弁護士、裁判官などを対象とした専門書と思われがちだったが、私としては一般の読者にも十分に通用すると信じていたのだ。
と同時に新聞や週刊誌では報じられない性犯罪や色情狂などの性的な精神疾患、性教育の問題など、医学雑誌を通してこそ見えてくるテーマもたくさんあるはずで、それらの事例をできるだけ知りたいとも念じていた。雑談の最中にその話を持ちかけたところ、教授から「それなら」と二つの学会に入会することを勧められたのである。私は「そういう場は固苦しい学者の集まりではないか」と尻込みしたが、「週刊誌の記者はもちろん前科○犯の犯罪者だって入会して欲しいくらいだ」というのが教授の答えだった。私はその言葉に共感したのである。

二つの学会の機関誌である『精神神経学雑誌』と『犯罪学雑誌』を私は毎号楽しみに読んでいたが、その面白さに刺激されて、次第に他の医学雑誌にも手を伸ばすようになった。その結果、いっそのこと日本で発行されたすべての医学雑誌のバックナンバーに目を通してみようと思い立った。それが一九七九年の年明けのことだった。精神医学や犯罪学に限らず医学雑誌にはその分野に関する性医学の特異な事例が報告されている。週刊誌の編集者をやっていると、セックス産業の流行や衰退、そこに働く女性や殺到する男たちの動向を報じることが性風俗のすべてだと考えがちだが、医学雑誌に報告された性の事例も、性風俗を見る際のもう一つの視点だと思ったのである。

『日本科学技術史体系・医学編』によれば、日本の医学雑誌の歴史は一八七七（明治一〇）年、太田雄寧創刊の『東京医事新誌』に始まるといわれている。それ以前にも「雑誌」と名乗った出版物は存在したが、中身は趣味的な個人雑誌や、会員の消息が中心の同窓会誌といったものがほとんどだった。これに対して「東京医事新誌」(週刊)は民間で活躍していた一線級の医者の協力のもと、各分野の新知識の紹介に努めた本格的な医学雑誌であった。

しかし、その後の医学雑誌の展開となると、それから一九七九年までのほぼ一〇〇年間に、何種類の医学雑誌が刊行されたか定かでない。何という名称の医学雑誌がいつからいつまで、どこから発行されていたか、そしてその雑誌はどこへ行けば閲覧できるかなど、それらを網羅したデータが当時はなかったのである。

そこで私は東大医学部と慶大医学部の図書館、それに国会図書館の三つを選んで、そこに収蔵されている雑誌のうち、私の意図に合致する雑誌を片っ端から読破するという方法を採った。最初はどれくらいの日数がかかるのか見当もつかなかったが、三か月くらい経つうちに、どの雑誌が有効で、どの雑誌は無視してもいいという目安が付いてきた。こうして三つの図書館を週に一回ずつ巡回しながら、明治時代から一九七五年までに出版された医学雑誌に目を通して行った。

が、それはこれまでに体験したことのない楽しい時間だった。当時のスクラップやノートは、犯罪史をテーマにしたいという若いライターにプレゼントしたので手もとにはないが、記憶しているエピソードはいくつもある。

六〇代の夫婦が営みの最中に夫が妻を誤って殺害したという話はその一つである。

この夫婦はその夜、後背位で関係していた。夫は妻の口にタオルをくわえさせ、競馬の騎手が手綱を操るように両手で動かしていたという。ところが妻の口からタオルが外れ、喉元を占めていたのである。終わった後、夫はそのまま眠りに就いたので、朝まで妻の異変に気づかなかったそうだ。

『台湾医学界雑誌』は戦前の台湾で台北帝大医学部を中心に刊行されていたが、その一冊では腹上死を防ぐための珍しい習俗が紹介された。台湾では新婚初夜の花嫁のたしなみとして千枚通しのような鋭利な物を枕元に用意して置くことが定着していたというのである。新婚の夜、夫の興奮はいやが上にも高まり、二度三度と関係することが少なくない。その結果、心臓マヒや脳溢血を起こすことがしばしばあったから、夫が発作を起こしたらショック療法として千枚通し状の物を臀部に突き刺すようにというわけである。

こうして医学雑誌を読むという作業は愛の証や性犯罪としての性だけでなく、性の見方にも様々な視点が可能なことを私に教えてくれた。「主だった雑誌は読破した、この辺で一区切りにしようか」と思ったのは一九八一年の年明け、スタートしてちょうど二年が経った頃だった。

医学雑誌の行脚を辞めた理由がもうひとつあった。慶大と東大の図書館から相次いで目をつけられたのである。目をつけられたといういい方は両方の大学に失礼に当たることは承知だが、当時の私にとってはそういういいかたが自分の気持ちに一番即していた。

それというのも慶大では民間人が利用しようとする場合、入会金として一〇〇万円が必要だった。現在の金なら五〇〇万円を超えるのではないだろうか？　この場合の民間とは製薬会社を意味していたが、そもそも医学に無関係の素人が医学論文を読むという事態が想定されていなかったため、風俗ライターが閲覧を希望する場合もその規定が適用されたのである。もちろんそんな金はないから、取材で親しくなっていたある公的研究所のエライ人の名前を使わせてもらったが、私の知らない間にその人のところへ問い合わせがなされたのであった。

その人には「紹介者として名前を使わせてほしい」という了解は前もって得ていたが、相手の人は一回か、せいぜい二回のことと予測していたようだ。私が二年近く通っていると知って、「それくらい熱心だったら、私も使われ甲斐があります」と返答してくれたという。私はその話をその人の息子さんから聞いた。彼の一言で不問に付されることになったのだが、それも「打ち切りにしようかな」と考えたきっかけになった。これ以上続けると迷惑をかけるかも知れないと思ったのである。

一方東大の場合、「サンケイスポーツ」の文化部に了解をもらっていたが、一回にコピーを要求する冊数は五冊までと決められていたのに、コピーの担当者が私の持ってくるものに興味を抱いて「どんどん持ってきなよ」と勧めてくれた。それで図に乗って二〇冊以上持ち込んだことが何度かあったが、その掟破りを学生に密告されたらしく担当の課長に現場を押さえられたのであった。いずれにしろ私の関心が性的な事象に限定されているため、東大でも慶大でもことさらに周囲の注意を引く事になったようである。

しかしこの時の経験によって得たものは大きかった。自分が今、取り上げようとしている性の問題はどういう構図のもとでみるべきものか、問題ごと、テーマごとにあるはずの全体と個という組み合わせを、いくらかでも思い描くことが可能になったように感じたのである。

それからは東大の明治新聞雑誌文庫や当時は中野刑務所に付設されていた矯正図書館など特殊な図書館の特殊な使い方に努めたし、国会図書館や都立図書館では所蔵された特殊な資料を前もって調べてから集中的に利用させてもらった。

なかでも世話になったのが大宅壮一文庫であった。週刊誌に勤めていた時、当時の代表的な文化人で、雑誌の収集家としても知られていた大宅壮一氏（社会評論家）と何度かお会いしたことがあった。私はこれ幸いと、所蔵されている雑誌を閲覧させてほしいと願い出た。大宅氏に快諾してもらって五、六回は通ったと思う。毎回、大量のコピーをお願いしたが、助手の方は「客だから」とコピー代も請求されなかった。

もっとも私がフリーになり、大宅文庫がオープンしてからは毎日か一日置きには通ったこともあって、月のコピー代が一五万円を突破することになった。

地方紙

一九八九年五月、私は二十一世紀書院から『B級泥棒紳士録』を出版した。全国の地方紙で報じられたこそ泥に関する話題をまとめたもので、次に紹介するのはその中の二例である。

「昭和四一年から一年足らずの間に貴金属と現金だけで六十件、三百万円を盗んでいた男（40）が警視庁につかまった。

その手口が実にユニークで、便所の高窓を破って侵入すると、盗む前に風呂場に直行して、タオルで足をきれいに拭いてから室内を物色していた。このユニークさが逮捕のきっかけになったのである。

男がいうには祖父、父と二代続いたお坊さんだったため、しつけが厳しく、よその家に行ったら、きちんと足を拭くようにしなさいとしつけられた……」（昭和四二年三月一四日・サンケイ新聞）

「宮城県小牛田署は六二歳の男性を窃盗で逮捕した。このオッさん、二十数年前に妻子を捨てて家出し、神社やお寺の軒下に寝泊まりしながら空き巣を重ねていたのだ。

が、オッさんにはもう一つの顔があった。それは東北地方を盗み回るうちに農村の嫁不足に同情して、適齢期の男女を結びつける仲人業を開業したことである。何せ歩く範囲が広いから情報の量も豊富、これまでに六一組の男女をまとめ、二週間後には六二組が挙式の予定だった。

結婚式には仲人として出席して堂々と挨拶していたが、礼服は盗んだものだった」（昭

和五五年五月二〇日・河北新報）

私は『昭和性相史』を出版してから全国の地方紙六五紙を読むという作業を始めた。一九八一年一〇月頃から一九八三年頃のことである。『昭和性相史』では「同時代史」としての性のエピソードを掘り起こしたつもりだったが、そもそも「同時代」とはどんな時代なのか？　自問自答した私はその問いに答えられなかった。というより、その日その日の新聞記事やテレビのニュースなどによって、漠然とわかった気になっているに過ぎないことに気が付いたのである。性の風俗を社会や国のあり方とは異なる個人的な生き方の象徴と捉えていたが、その基本の部分が空洞だったのだ。

その時に思い出したのがかつて読んだ医学雑誌の数々だった。それらの雑誌で知った性のエピソードは「性とはなにか？」というテーマについて、それまで気づかなかった、またはは知らなかった多くの見方を気づかせてくれた。

私は自分の空洞を埋める手段として六五の地方紙を読むという方法を選んだのであった。朝日、読売、毎日、日経などの大新聞は大阪や名古屋、札幌、福岡などでも新聞を出していたから、それらも外さないようにしたし、大阪地方で大流行していた夕刊紙も欠かさなかった。

これだけの新聞を毎日読み続けるのは苦行に近かったが、日々が重なるにつれて何か自分だけの日本の姿も見えてきたように思った。その一つがこそ泥に関する話題であった。この国にはこういう泥棒たちが存在しているという実感が私には大いなる喜びとなった。

『B級泥棒紳士録』は二十一世紀書院から出してもらったことでも印象深い。同書院は有名な右翼の活動家で、後に朝日新聞社の社長室でピストル自殺した野村秋介氏の会社であった。共通の知人に紹介されて会いに出かけたところ泥棒の話で盛り上がったのである。本が出来上がった時には「日本人も捨てたものじゃないよな」と喜んでもらったことを今でも覚えている。

この作業を一年半くらい続けていた時、老人雑誌を刊行する予定だった事務所にオブザーバーとして参画し、ここでも基本資料として地方紙に目を通した。このグループの岡崎正悦という若い友人と編んだのが『エロゴトジー』である。東京法経学院出版の風俗新書の一冊として企画されたもので、新聞の中から性に関する話題を拾い集めたものである。

その中には次のようなエピソードがあった。

「刃物を持った男が押し入ってきた……と大分県別府署に110番が入った。パトカーが急行すると、刃渡り二二センチの刺し身包丁を持った男(59)が奥さん(54)を脅しながら連れ去ろうとしている。男は赤インクで〝天誅〟と書いたハチマキをしめ、お腹にはお守りを身に付けていた。このお守りというのが女性のヘア。

男が言うには熊本にいる妻との間に別れ話が持ち上がったので、ぜひとも代わりの女が欲しくなった。その時思い出したのが、以前、一三年にわたって同棲していたこの奥さんのこと。しかし他人の奥さんになった女が素直についてくるとは思えない。そこで何が何でも連れ帰るという覚悟を示すために〝天誅〟の赤いハチマキをしめ、かつて剃ってあっ

た彼女の隠毛を大願成就のお守りとして身につけて乗り込んできたものと判明した」（昭和六〇年九月六日・大分合同新聞）

「福岡県三井郡の北野署に女性から、ドライブ旅行中、相手の男性が現金の入ったバッグを盗んで逃げたという届け出があった。調べによると男（25）は独身、女性（33）は子どももいる人妻。女はふとしたことで知り合った若い男に夢中になり、家を出て同棲生活を始めた。

二か月ほど経った頃から不安になり、夜ごと男に手錠をかけて自分の手と繋いで寝るほどになった。男の方は最初の頃の甘い気分は吹っ飛び、脱出を夢見てドライブ旅行へ。スキをみてバッグを抱いたまま逃走したのだった」（昭和六一年四月一二日・西日本新聞）

これらの記事は新聞ではベタ記事と呼ばれているが、私にとってはおかしみ溢れるベタ記事も大事な同時代史であり庶民史である。昭和の時代まではあったこの種の笑いが最近の新聞からはなくなった。それは新聞が変わったせいなのか、時代が変わってそういう材料がなくなったせいなのか、私には結構気になっている。

千代田クラブ

「同時代とは何か？」

私にとって全国の新聞の地方版に載ったこそ泥や性のエピソードはその一つの答えだった。これらの記事はささいな取るに足らない記事という意味で「べた記事」と呼ばれるが、私には取るに足らないどころか、戦争の時代と戦後を区分する明確な指標と感じられたのである。戦場の一兵卒に対して、彼らは何と個性的なのだろう。

と同時にベタ記事の人々が「犯罪者なのに犯罪者というくくりでは個性が見えない存在」なのに対して、「犯罪者ではないのに犯罪者のように見られる存在」として「変態」のことも強く意識するようになった。彼らもまた戦後を象徴する個性的な人々のように思われたのである。

「千代田クラブ」というセックスに関する趣味の会が結成されたのは一九八〇（昭和五五）年の夏だった。趣味の内容はエロ本収集、セックス・ビデオの撮影、スワッピングの実践、SM趣味の人と、要するに何でもありである。

会合は月一回、東京・八重洲の地下街にあった貸会議室で開かれた。その場所に定着するまでに、いくつかの場を渡り歩いたが、ここなら毎回一五人から二〇人前後の出席者が見込めること、仙台から必ず参加する人もあれば、出張のついでに松山から来たというサラリーマンもあるということなど、いくつもの条件をクリアしやすいということで決まったように思う。メンバーはかなりの出入りがあったものの、帳簿上、最盛期の会員は二〇〇人を突破した。基本的にはサラリーマンが六割から七割を占めていたが、最初の頃は女性の名前も二、三人混じっていた。ただし四回、五回と会合が重なるにつれて、姿を見せなくなったのが残念であった。

このクラブを設立したのは四人で、リーダー格は戦前から敗戦直後のエロ雑誌を収集していた今中圭一さん、高校の教師で、作曲家の小林亜星氏の親友だった。今中さんは実家が中堅製薬メーカーの創業者か大株主で、自宅には鉄筋コンクリート造りの書庫も設置されていた。戦後の性風俗の世界をリードした高橋鐵が設立した生活心理学会というサークルのメンバーの一人で、この会には作家の野坂昭如氏や大江健三郎氏、映画監督の大島渚氏から画家、医学者、警察関係者など様々な形で性の問題に関わる人が集まっていた。入会するにはそれなりの知識人の紹介か、自分自身の研究が必要とされていたから、今中さんはエロ雑誌の収集に関しては高橋を納得させるくらいの実績を積み重ねていたのだと思う。

南条理之さんは切腹マニアで、『櫻』という切腹マニアだけの同人誌も刊行していた。千代田クラブが設立された頃にはワインの輸入代理店に勤務していたが、数年後には実家の跡地を整理してマンションのオーナーになった。サラリーマンの頃には小説の同人誌に参加していて、作家の三島由紀夫氏に雑誌を贈ったことがきっかけで、数回にわたって手紙のやり取りをしたという。「千代田クラブ」に参加する人には「入会すれば珍しい裏ビデオが入手できるのではないか」といった魂胆でくる例も多い。南条さんは裏ビデオのコレクターでもあったから、自分のコレクションを惜しげもなく提供したり、モデルを雇って撮影会などを開いて、そういう人々の好奇心をつなぎとめていた。

東京・神田で三代続いた江戸っ子が高橋実さんだった。高橋さんはスワッピングのマニアで、それも人妻にひたすらクンニリングスで奉仕するという一念の人。高橋さんのサービスに相手の奥さんが高揚してくると主人と交代し、その様子をビデオに撮影したり、場合によってはその場にいる別の女性に舌で奉仕していた。特技のクンニリングスの腕(?)を磨くために、お茶碗の底に舌がつくようにと、三度三度の食事の後には舌の訓練を欠かさないという人だった。試しに舌を伸ばしてもらったところ、あごの骨まで一センチちょっとというところまで達してびっくりしたものだ。「一〇年で数ミリは確実に伸びた」そうである。

これに対して人物紹介の材料なら溢れるほどあったのが東原さんである。本人については第一部で詳しく紹介したので、そちらを見ていただくとして、先祖は徳川家康の江戸開府後まもなく駿府(現静岡県)から移ってきた商人で、父親は府立三中(現都立両国高校)から小樽高商(現小樽商科大)に進み、後にある保険会社の重役を務めた。府立三中では小説家の芥川龍之介と同期で、小樽に遊びに来た芥川を遊郭に連れて行ったという。父親の交際範囲には他にも洋画家で、アカデミー賞の衣装デザイン賞を受賞した和田三造、婦人解放運動のリーダーの加藤シヅエ、さらに東海道新幹線の設計者として知られる島秀雄など、日本の紳士録を飾るような人物が次々に登場する。

四人は永田社という出版社が出していたエロ雑誌を通じて仲間になったはずである。永田社の社長は永田哲朗氏といい、のちには時代劇映画の研究者として『殺陣　チャンバラ映画史』（現代教養文庫）などを出版した人物であった。

この会合には一回か二回しか姿を見せなかったが、私の心に残った人はたくさんいる。

K君は二二歳の若者で、会合に最初に現れた時、エリートサラリーマンが愛用しているようなアタッシェケースを持っていた。「自己紹介してください」とうながされると、「マスばっかりかいてて、自分でマス用の道具を作るようになってしまいました」といいながらケースを開いた。ケースの中はプロの暗殺者（例えば劇画の「ゴルゴ13」のような）がライフル銃の部品を細かく分けて保管しているように真っ赤なビロードで区分けされ、その半分はさらに細分化されて一つ一つにバギナを正面から見た型がはめ込まれていた。あとの半分にはバギナをお尻の側から見た模型が定置されている。ただし後背位用はまだまだ開発段階で、実用には向かないという。

これにはその場にいた全員が大笑いしながら拍手したものだ。

もっとも内向的な性格のK君はその拍手を笑い者にされたと誤解したようだ。彼は週刊誌に紹介された高橋実さんの記事がきっかけで高橋さんと連絡し、「千代田クラブ」にも参加したのだが、それからは高橋さんが何度誘っても会合には一度も顔を出さなかった。

Qさんは私より二歳年上の昭和一五年生まれ。ある地方議会の速記者だったが、セックス・ビデオやエロテープの会話に入っている男女の会話を文字の記録として残したいという希望で入会してきた。Qさんは満州からの引揚者で、満州の奥地から大連へ向かう途中で母親とはぐれ、満州人の家庭で食事をごちそうしてもらった。着ていた服のポケットに入っていた手紙によって、満州人が大連まで連れてきてくれたので母親とも再会でき、引き揚げ船にも乗船することができたという。

大学を卒業後、速記者になったのも「あの時、あの手紙がなかったら自分は確実に残留孤児になっていた」という思いから、公的な記録をきちんと残す仕事がしたいと志した。しかし年齢を重ねるにつれて「男女の性的な場面こそ本当に生きている証しではないか」という考えが強くなり、望みを叶えるべく参加したのである。ただし会話入りとなるとスワッピングとビデオが普及する前の盗聴テープが中心だった。

私は清書されたものを一〇本分くらい読ませてもらったことがあるが、会話以外の情景もできるだけ説明されていて、これはこれでまとまったらユニークな記録になるなと感じたものである。

「千代田クラブ」は五年間ほど持続したが、中心的な存在だった今中さんが急死したことによって、メンバーのモチベーションが次第に衰退して行った。

しかし私にとっては、今思い返しても「生きた資料庫」であり、昭和のあの時代を確かに映していたと確信している。

エロ雑誌

ビニ本

一九七九（昭和五四）年の秋だったと思う。または七八年だったかも知れない。私は週三回は東京・神田の古本街を徘徊していた。主たる目的は三崎町にあった東西堂と神保町の文省堂という二つの古書店を巡ることである。スポーツ新聞や週刊誌に、エロ雑誌の最新号と、戦後に出版されたエロ雑誌から面白い読み物を拾い出して紹介するというコーナーを持っていたから、その材料集めであった。

東西堂は次々に創刊されていたエロ雑誌とそのバックナンバーを、文省堂の方は一九五〇年代にブームとなった『風俗科学』や『風俗草紙』、さらには『夫婦実話』や『愛情生活』といったエロ雑誌を扱っていた。エロ雑誌といえば世の中から日陰者扱いされるのが常だが、私には好奇心をかきたてられるところが少なからずあったのだ。

たまたま神保町のほぼ中心に位置する芳賀書店の前にさしかかった時だった。サラリーマンらしい二人の男性が週刊誌くらいの本を奪い合いながら店の中から飛び出してきた。芳賀書店はしもた屋風のたたずまいで、ほんの数年前まで高倉健や鶴田浩二、あるいはジェームス・ディーンやゲーリー・クーパーなど有名俳優の写真集を出版していた。店頭にはそれらの写真集が二〇種類くらい、ずらりと平積みにされていた。

ただし一歩、店の中に入ると、左右の棚には左翼系の出版物が飾られていて、古くは大杉栄など「講座・日本の革命思想」から、新しいところでは映画監督として絶大な人気を集めていた大島渚氏や滝田修氏などの著作も揃っていた。その反体制本も芳賀書店の出版物であったが、一年か二年前から極めて刺激的な写真集の専門店に変身して、学生やサラリーマンの間に大変な人気を集めていた。もみ合っていた二人も店に到着したばかりの新刊を奪い合っていたのである。結局、片方が我が物にするまで争いはやまなかった。

二人が奪い合っていた本がいわゆるビニ本で、私が所持している一冊についていうと、セーラー服姿の若い女性が股間を広げてパンティーを見せたり、その女性がパンティーだけの姿でパンティーの中に手を差し入れてオナニーをしているようなカットが大写しで並んでいた。どのカットもパンティーの部分をわざと濡らしてあり、股間がうっすらと黒ずんで見えるのが特徴だった。

ビニ本という呼び名の由来は今でもはっきりしない。この種の写真集の人気があまりに高いことから、芳賀書店が立ち読み防止のためにビニール袋に入れたのが始まりとか、神保町のゾッキ本屋の奥さんが内容が恥ずかしいからと、ビニールの袋に入れて店の隅にそっと置いたのがきっかけといった説がなされているが、これという決め手はないようだ。

ちなみにゾッキ本とは新本だが、古書店で定価の三割引きくらいで売られている本をいう。新本でも古書店でしか扱われないという特殊な商品だった。

いずれにしろビニ本は一九七〇年代後半から八〇年代前半のエロ本の中心というべきものので、さらにその中心が芳賀書店であった。

しかしその争いを目撃した時、私は「ビニ本はあえて無視して活字中心のエロ雑誌を集めておこう」と決心した。

その理由は大きく分けて二つあった。第一にビニ本のようなこれまでになかったような過激な写真集が現れたからには、一年か二年後には性器を露出したような本も登場することが容易に想像された。と同時にそれらの写真集はインパクトがあるから大いに売れるだろうし、私が残しておかなくても、金にあかせてコレクションする人がきっと現れるはずだ。

そしてそれ以上に大きい理由が、活字中心のエロ雑誌の種類の多さと売れ行きの好調なことを実感していたからである。私にとってはここにも同時代を象徴する何かが確かにあった。

ちなみに私の予測は一年どころか半年も経たないうちに現実になった。若い女性が股間を広げてオナニーをするシーンや、さらに露骨なカットが並ぶ写真集が次々に現れ、裏本と呼ばれて一大ブームになった。一説には一か月に三〇〇点とか三〇〇万部発行されているといわれたものである。

ただしビニ本や裏本を風俗史の資料として残しておくのも大変だとも思った。なぜならビニ本や裏本にはタイトル以外に文字がほとんど見当たらない。例えば私の手元に取ってある「女悦」という裏本の場合、タイトルの下に「オールカラー52ページ」という内容が英語で印刷されているが、それ以外はモデルの名前も年齢も、写真のキャプションも、そして出版社も発行年月日も見当たらない。これでは収集家は入手した年月日や値段、入手した場所などを細かく記録しておかないと何の資料性もなくなるからである。

さまざまなエロ雑誌

ＳＭ雑誌の場合本書では、いくつかの視点から扱っているので、ここでは他のジャンルに属するユニークなエロ雑誌を紹介する。

伊藤文學氏の率いる第二書房から『薔薇族』という当時の言葉でホモの専門誌が出版されたのは一九七一年七月で「九月創刊号」と銘打たれている。編集長の伊藤さんとは住んでいた家も近く、毎朝出かける喫茶店も同じだったので、いろんな話を聞いた。

第二書房は伊藤さんの父親が設立した会社で、伊藤さんは大学時代、のちに劇作家として一世を風靡する寺山修司氏らと大学短歌会を設立して活動していたという。父親の仕事を手伝っている時、読者からの手紙に「男なのに男が好きでたまらない。誰にも打ち明けられないので死にたい」とあったのを目にして、企画したという。

『薔薇族』というのは伊藤さんのネーミングで読者には人気があったが、デパートの髙島屋からいちゃもんがついた。「薔薇の包みの髙島屋」というコマーシャルが世に知られているので、『薔薇族』という名称は髙島屋のイメージを著しく損なうというのであった。

ホモという言葉には牛乳屋さんからクレームがついた、ホモ牛乳（ホモジナイズド〔均質処理〕牛乳）という種類があり、「ホモを育てる牛乳」と誤解される恐れがあるので「ネーミングを変更して欲しい」という文句だったという。

『薔薇族』をきっかけにして『さぶ』、『アドン』、『The Ken』、『SAMSON』、さらにはシーメール専門の『シーメール白書』などの雑誌が相次ぎ創刊され、「ホモ雑誌」のブームと言っていい状況が現出した。そしてそれが女装雑誌へとつながって行く。

女装交際誌『くいーん』の場合、私の手もとにある最も古いものは一九八一年九月号で、これが第八号となっている。同誌は隔月刊だったから、逆算すると創刊されたのは一九八〇年七月ということになる。

『くいーん』は神田で、女装マニアのために手ほどきしたり、女装用の化粧品から下着やドレスなどを販売していた「エリザベス」という店がマニアの連絡誌として発刊したもので、読んでいると女装マニアといわゆるホモやゲイはまったく次元の違う存在のように感じられたものだ。

キャンディ・ミルキィさんは大柄で、やや太り気味の男性だったが、「キャンディ・キャンディ」という漫画の主人公の服装のまま、都内を大型オートバイで走り回るというので、原宿族の若者たちの間で人気者となった。写真週刊誌で話題になったこともある。キャンディさんは一九八八年春、『ひまわり』という季刊の女装雑誌を独力で創刊したが、この雑誌の四号目をスポーツ紙で紹介したことがきっかけになって、私の事務所にも遊びに来るようになった。モデルが足りないというので、事務所の若者がセーラー服の女学生姿で表紙を飾ったこともある。大柄な男が少女マンガのコスチュームのままでやってくるので、警察から「お宅は何をやっている会社？」と二度ほど質問を受けたことがある。

『薔薇族』から遅れること一年、一九七二年一〇月には『若草』というレズビアンのための雑誌が誕生した。鈴木道子という女性が独力で出版したもので、文庫本くらいのこぢんまりした雑誌だった。鈴木さんは『薔薇族』に持ちかけて、同性愛の男性と偽装結婚するシステムを作ろうとも模索していた。同性愛の男性も女性も、周囲から結婚、結婚と迫られるため、それから逃れるために偽装結婚や偽装同居を望む男女の仲を取り持とうというわけである。『若草』が何号続いたかは不明だが、いったん休刊した後一〇年後の一九八二年に『Ｅｖｅ＆Ｅｖｅ』という名の季刊誌として復刊した。

「関西だけのレズの情報誌」と銘打ったのもあった。同好会の事務局の所在地として尼崎市の住所が記されていた。私が所蔵しているのは二冊だけだが、どれくらい刊行されたかは不明だ。

大阪で『ヌード・インテリジェンス』略して『ヌーイン』というストリップの専門誌が創刊されたのは一九六六年一二月である。編集長は中谷陽氏といい、当初は季刊だったが三八号から隔月刊に格上げした。

内容は踊り子たちの実演のグラビア写真や全国のストリップ劇場の案内のほか、小沢昭一（俳優）、田中小実昌（作家）、評論家の竹中労、それにストリップ専門の画家として知られた、おのざわ・さんいちなど、異色の文化人が寄稿する異色の雑誌だった。

筆者が所蔵しているのは全部で六冊に過ぎないが、なかなかユニークな読み物が見られ、三五号には千葉県松戸市の大宝劇場の一年間の香盤（踊り子の全スケジュール）が公開されている。それを見るとストリップのスケジュールは一〇日単位で交代し、もっとも少ない時で一一人、多い時には二〇人の踊り子が出演している（平均一四人）。彼女たちの演目も多彩で、ベットショー（ストリップの世界ではベッドがベットと呼ばれてきた）、こけしショー、ローソク・ショー、天狗鼻ショー、ラーゲ・ショー（女性二人で体位を演じる）、入浴ショー、大蛇《おろち》ショー（蛇を鼻から入れて口からだす）、花電車（陰部に様々なものを入れたり、タバコを挟んで吸うマネ）、レズ・ショーと、形式だけでこれだけに及ぶ。実際にはこれを組み合わせたり、ダブルのレズ・ショーがあるなど、バリエーションはさらに増えるという。ちなみにいずれも「特出し」付きである。

『性生活報告』は一九八一年七月に創刊され、創刊号から売れ行きが好調だったようだ。第二号は一一月に刊行されたが、創刊号では六〇〇円だった値段がいきなり一〇〇〇円に値上げされたところに出版社の自信が表れていた。それからは季刊誌として現在も続いている。

同誌の刊行元であるサン出版ではこれ以前から会員がありのままの性体験を語り合う第二次新生活研究会を組織して会員の性的な経験に関する手記を募集したり、セックス・コレクションを提供してもらっていた。『性生活報告』はそれらの材料を駆使したもので、創刊号では「日本人における世代別オーラル・セックスの実態」という巻頭の特集に続いて、エロ写真コレクターの収集秘話、東京・立川駅の近くに敗戦間際に誕生した羽衣遊郭の思い出など掲載されている。二号、三号と号を重ねるに連れて、エロ写真も闇市などで売られていたものではなく、夫が自宅で撮影したヌードなど極めて私的なものが増え、これこそ庶民の生活の原点という意味で、私は楽しみにしていた。

とくに戦争中の性にまつわるエピソードは、歴史のもっとも欠落している部分を埋めたもののようにも思われた。

投稿者は自分の書いたものが活字になって残ることの喜びを体験して、何度も繰り返した人も多かった。私は現職の都会議員という男性からピンクの布で表装した一〇〇ページほどの私家本を贈られたことがある。『性生活報告』に投稿して活字化された個所を集めたものである。なぜピンクの表紙なのか？　著者からの手紙には「私は幼い頃、女性の腰巻によって性の世界に目覚めた。腰巻きは私の人生の原点です」とあった。この本は三部だけ作成し、私はそのうちの一冊をいただいたようであった。

この時期には巨乳マニアの専門誌『バチュラー』、切腹マニアのための研究書『櫻』、トルコ風呂専門の情報誌『ミューザー』などユニークなエロ雑誌が次々に誕生した。

スワッピング雑誌

『ホームトーク』、『スウィンガー』、『オレンジピープル』が「三大スワッピング雑誌」と呼ばれたのは一九八五（昭和六〇）年前後のことだった。業界第一号である『ホームトーク』が創刊されたのは一九七一（昭和四六）年六月、『スウィンガー』は田中浩氏が勤めていた『ホームトーク』から独立して、一九七九年に発刊した雑誌であった。そして『オレンジピープル』が隔月刊として創刊されたのはその翌年、一九八〇年一〇月のことである。

三誌はそれぞれに個性が明確だった。例えば老舗の『ホームトーク』が夫婦交換（同誌は夫婦交際と称していた）を日本の家族制度の中での刺激剤と捉えていたのに対して、『スウィンガー』は毎年、フロリダで実施される世界のスワッピング大会の紹介など、アメリカやヨーロッパのスワッピング事情を中心に、おしゃれな生き方としてのスワッピングを提案するという姿勢を打ち出していた。だから『ホームトーク』が交際を希望する人々の信頼性を確保することに力を注いでいたのに対し、『スウィンガー』は外国人の交際希望を掲載したり、地方の人々も気軽にスワッピングに参加できるようにと、各地でスワッピングのパーティーを開催していた。地方のラブホテルと提携してスワッピング・ルームを開設し、読者に利用券をプレゼントするサービスを行ったのも同誌である。

両誌とはさらに色合いが違ったのが『オレンジピープル』で、雑誌自ら乱交、オージー・パーティーなどを主催、そのグラビアなどを売り物にしていた。創刊号には二〇人近い男女のパーティーの様子が写真で紹介されていたが、夫婦像の変化を実感するに十分であった。

この三誌を中心にこの頃、スワッピング雑誌はまさに百花繚乱という感じだった。『月刊ホームレジャー』、『月刊シークレット』、『月刊アルファ』など先行するスワッピング雑誌を模倣したものが相次いで登場した。

袋物雑誌がお目見えしたのは一九八二年か八三年頃である。袋物とは交際を希望する男女が自分の身長・体重から好みの異性のタイプ、好きな体位、ＳＭ趣味のあるなし、あるとすればＳかＭかなどを直筆で記入した紙が袋に収められているというもので、神保町でエロ雑誌を販売している書店を一回りすると、一日に二種類、時には三種類も見受けることがあった。ただしこういう言葉があったわけではなく、新タイプの雑誌が目立つところから私が分類のために勝手に名づけたものである。第一号は確か『マイバニー』という名称だったと記憶しているが、紛失したため確認できない。その後、『ギャル＆レディー』や『カップル』、『ホット・メッセージ』といった同種の雑誌も登場した。

スワッピング雑誌の中で異色だったのが一九七七年一月創刊の『交際新聞』であった。編集長の大池辰雄氏は現役の週刊誌の記者で、ほかにも記者仲間が協力して作られていた。作る側に回れば、いい女と出会うチャンスも広がるだろうという魂胆だったが、「思うようには行かんものです」とのことであった。

ただ大池氏と知り合って一年くらい経った頃、「京都で珍しいパーティーが開かれるから参加しませんか」と誘われた。スワッピングで知り合った若い男女が結婚するのだという。若者はお金持ちの女性の若いツバメで、新婦の方は中小企業を経営する男性と援助交際していた女性だった。しかもこれまで参加したパーティーの男女を招待して、結婚式の一週間前にお礼の乱交パーティーを開催するというのである。

私は大池氏の誘いを断ったが数か月後、そのパーティーの写真を見せてもらった。参加者の中には若者をツバメとして愛した女性も、中小企業の社長の姿もあり、和気あいあいの様子が印象的だった。

そのほか新宿・歌舞伎町には街頭売り専門のスワッピング雑誌もあった。ホッチキスで留めただけの数ページの小冊子で、一〇〇円とか一五〇円だったが、交際希望や援助交際希望が一〇人以上、小冊子によっては二〇人くらいの名前が掲載されていた。また新宿のアダルトショップは店を訪れる客へのサービスとして「アクメ情報」と題する文庫本大の冊子を出していた。私の手もとにあるのは同業の風俗ライターからプレゼントされた二号だけだが、ホモの交際募集を中心に、スワッピングやレズ、SMの交際希望が四〇〇件以上掲載されていた。友人によると、情報が確かであることは確認済みだということだった。

エロ雑誌創刊一覧

今振り返っても一九七〇年代はSM雑誌の時代だったことがうかがわれる。一九七〇年一一月、東京三世社から『SMセレクト』が創刊されると、SM雑誌のブームにいっきょに火がついた。正確にいうと四月にヤオキ出版から『あぶめんと』、五月にコバルト社から『問題SM小説』が創刊され、『SMセレクト』は三番手だったが、火付け役となったのは明らかに『SMセレクト』だった。そして七〇年代のエロ雑誌ブームの主流も間違いなくSM雑誌であった。

１９７０年
４月『あぶめんと』
７月『問題ＳＭ小説』
11月『ＳＭセレクト』
１９７１年
６月『ホームトーク』
７月『薔薇族』
12月『ＳＭファン』
１９７２年
10月『ＳＭファンタジア』。『若草』（レズビアンの雑誌。１９８２年８月『Ｅｖｅ＆Ｅｖｅ』と改題）
12月『ＳＭコレクター』。
この年、『アドニスボーイ（The Adonis Boy）』（ゲイ新聞）。『アクメ情報』（各種の交際情報誌）
１９７３年
１９７４年
５月『Ｓ＆Ｍギャラリー』、『アドン』（ゲイ雑誌）
６月『ＳＭアブハンター』（75年に『ＳＭ奇譚』と改題）
９月『Ｓ＆Ｍフロンティア』
11月『Ｓ＆Ｍファンタジア』、『さぶ』（ゲイ雑誌）
１９７５年
１９７６年
７月『ムルム』（ゲイ雑誌）
６月『ヌード・インテリジェンス』（ストリップの専門誌。『ヌーイン』１９６６年12月創刊。この号から隔月刊に）。
７月『ウイークエンドスーパー』（若者向け性情報誌）
１９７７年
１月『交際新聞』
３月『ＳＵＮ＆ＭＯＯＮ』
11月『バチュラー』（巨乳専門誌）
１９７８年

5月『SMクラブ』
6月『スペシャリーS&M』
秋？『SM隷女館』
12月『秘密生活』（スワッピング雑誌）
この年『The Ken』（ゲイ雑誌）
この頃『Sadism・M』
1979年
1月『えすとえむ』（日活ロマンポルノ・シリーズで縛りを担当していた浦戸宏氏が発行した個人雑誌）
5月『桃源郷』（性文献誌）、『Hey！Buddy』（若者向け性情報誌）
10月『スウィンガー』（夫婦交際誌）
12月『SMウイップ』
1980年
5月『おとこの読本』（トルコ風呂情報誌→『旅と酒』改題。後に『ミューザー』と改題）
7月『jab』（若者向け性情報誌）
10月『S&Mスナイパー』
11月『にちげつクラブ』、『PLAYGUY』（若者向け性情報誌）
1981年
7月『性生活報告』（性文献誌）、『BIG SHOT』（写真による性情報誌）
10月？『ビザールSM』
1982年
1月『月刊アルファ』（夫婦交際誌）
1月？『THEスキャンダル』（若者向け性情報誌）
2月『THEPORUNO』（若者向け性情報誌。『漫画プレイヤング』2月5日増刊号）
4月『SM秘小説』。『月刊新綺譚』
5月『風俗アルス』（性文献誌）
6月『ホットグラフティ』（若者向け性情報誌）
7月『バーバレラ』（ボンデージ・ファッション専門誌）、『SMマニア』、『SAMSON』（ゲイ雑誌）、『Spiral』（SM雑誌）
8月『女性通信』（夫婦交際誌）
9月『BOBBY』（若者向け性情報誌サブ

タイトル『月刊オナニーニュース』)
11月『セクシーアクション』(写真による性情報誌)、『マンスリー・バイブ』(若者向け性情報誌)
11月?『GalsAction』(若者向け性情報誌)
12月『SPARK《官能の美熟女人妻マガジン》』、『GAL&LADY』(夫婦交際誌)、『B-dash』(巨乳マニアの雑誌)、『ナイトピア』(夜の盛り場の情報誌)
この頃『プレイメイト』(トルコ嬢や性感マッサージ嬢の情報誌)
1983年
1月『BEAT』(若者向け性情報誌)、『スーパーPORNO』(若者向け性情報誌。『漫画プレイヤング』1月増刊号)
2月『THEPANTHER』(外国の性情報誌)、『CAMERAスクランブル』(写真による性情報誌)
5月『SM官能術』、『エロトジスト』(変態人のためのアブノーマル・ブック。SM雑誌)
この2誌は1冊のみで終わったと思われる
6月『GIGOLO』(若者向け性情報誌)、『元気マガジン』(若者向け性情報誌)『ビリー』(若者向け性情報誌)
8月『SUPERJACK』(若者向け性情報誌)、「VIDEOBOX」(裏ビデオ中心のビデオ情報誌)、『ぺあマガジン』(若者向け性情報誌)
9月『SMミラージュ』
11月?『SUGAR』(若者向け性情報誌)
この年『S&M愛の嵐』
1984年
1月『週刊ウラビデオニュース』(A4のざら紙6ページ、手書きの原稿をコピーした情報誌。1ページに1本ずつ裏ビデオのタイトルとストーリー、6~10枚のカット写真入り)、『ザ・ベストMAGAZINE』(若者向け性情報誌)
2月『SMスピリッツ』

2月？『NAUSEE』（本格的なフェチ雑誌）
5月『黒薔薇』
6月『月刊シークレット』（スワッピング雑誌）、『ベスト官能』（若者向け性情報誌）
7月『Ga-Z』（若者向け性情報誌）、『SCREW』（若者向け性情報誌）
10月『D-CUP』（巨乳専門誌）

1985年
3月『DEEP・SPESIAL』（若者向け性情報誌）
4月？『ザ・トップMAGAZINE』（若者向け性情報誌）
6月『カサノバ』（若者向け性情報誌）
9月『ザ・ヒットMAGAZINE』（若者向け性情報誌）
10月『BIGターゲット』（若者向け性情報誌）、『Crash』（若者向け性情報誌）
11月『サバト』（超変態、世紀末、虐待史が売り物。『SMマニア』増刊）
12月『デラべっぴん』（若者向け性情報誌）、『SM遊戯術』（『SMスピリッツ』増刊）、『Mr．press』（若者向け性情報誌）、『コットンPRESS』（若者向け性情報誌）
この年『緊美研通信』、『AB』

1986年
1月『SMソドム』。『マニア倶楽部』、『Pジャンク』（夫婦交際誌）4号から『PR』（『プライベートルーム』と改題）、『JuicyClub』（少女向け雑誌）、『男性通信』（サラリーマン向け性情報誌）、『Dokan!』（若者向け性情報誌）
2月？『月刊アブ』
3月『SNOB』（若者向け性情報誌）
4月『スレイブ通信』
5月『ペンギンクラブ』（若者向け性情報誌）
6月『NIGHTMagazine』（性風俗情報誌）、『メロン通信』（少女情報誌）
8月『カルテ通信』（医者マニアの雑誌）、『BE-TO』（若者向け性情報誌）、『Don't

！』（若者向け性情報誌）、『すっぴん』（若者向け性情報誌）
12月『ザ・ナイスＭＡＧＡＺＩＮＥ』（若者向け性情報誌）
１９８７年
10月『エンジェル』（女の子の体験告白マガジン）
この年『アブノーマル』
１９８８年
4月？『ＢＵＬＬＤＯＧ』（若者向け性情報誌）、春『ひまわり』
10月？『ナイタイマガジン』（サラリーマン向け夜の情報誌）
１９８９年
この年？『ＧＦガールフレンズ』（少女情報雑誌）
１９９０年
6月？『ＳＵＰＥＲ ＧＡＬＳ ＮＯＷ』（少女情報雑誌）
この年？『ＷＯ５コギャル隊』（少女情報雑誌）

一九八〇年代半ばにはいわゆるロリコン雑誌や盗撮・投稿雑誌もそれぞれ数誌誕生したが、ここではははぶいた。

ここに掲出した雑誌は一九九〇年代に入っても命脈を保っていたが、二〇〇〇年代に入ると急速に勢いを失って行った。平成の半ば頃から全国のコンビニでエロ雑誌が扱われることになり、通称「五番棚」と呼ばれた。そこがエロ雑誌の定位置だったからである。『デラべっぴん』や『写真時代』、『ザ・ベストＭＡＧＡＺＩＮＥ』などはコンビニへ進出したことによって大きく部数を伸ばしたが、それらのいくつかの例外を除けばＳＭ雑誌といわず、若者向けの情報誌といわず、種類を問わず衰えていった。

ただしエロ雑誌が衰退した原因には全国的に書店の数が減少したこと、若者がセックスそのものに興味を抱かなくなったことなどがあげられた。とくに一〇代から二〇代前半のエロ雑誌にとって、コアとなるべき読者層がまったく関心を示さなくなったという。

㊂・むかし戦争があった

母のパニック

フリーの風俗ライターになることを決めた時、自分なりに一つの原則があった。それは性の風俗から見た同時代の歴史をテーマにするということであった。

私は昭和一七年八月二四日の生まれだから、同時代といえば当然ながら昭和を指す。そして昭和といえば、昭和六年九月の満州事変に始まり昭和二〇年八月の太平洋戦争の敗戦まで続いた一五年戦争の時代と、昭和三五年前後に始まる経済の高度成長によって、それまでの生活から脱却するまでの一五年間という二つの特徴を持っている。

高度成長の時代は私の高校時代から大学、就職、そして風俗ライターとして独立した時期にあたり、その一隅にいたから実感として感じ取ったことを記録として残すことが可能である。そしてその時代を私は性風俗が社会の主流となった時代という印象で受け止めていた。

敗戦直後にはカストリ雑誌やストリップが流行したことなどが戦争の時代への反動として語られるが、それは戦争に直接関わった人々による自分の過去への反発であり、高度成長の時代は経済成長の恩恵を謳歌することによって、前の時代そのものを否定もしくは無視しようという動きであった。私はその中でも個人的な生き方として突出した人々を追い求めた。それは必然的に変態と呼ばれる人々を探すことになった。

いきなり変態という言葉を持ち出すと、異常性愛の世界を取り上げるかのように誤解される恐れがあるかもしれない。しかし日常生活と社会性とが同じ次元の活動であり、その安定と繁栄が社会の基本だとするならば、男女の性的な関係は子孫を残すための営みであれ、快楽を求める行為であれ、すべての関係が変態である。なぜならそれは非公開を大原則とする活動であり、その行為の一瞬、一瞬が社会性とは無縁のものである。むしろ二人だけの孤立した世界にこそ、性の官能は凝縮されているといってもよい。とすればその面で突出した人間こそ、もっとも個人的な生き方をしていることになる。

一方、戦争の時代となると、戦争をどのようなものとして捉えるか、その基本の姿勢も問われるはずである。つまり私の個人史と戦争とはどのように関わっているのか。

実は勤めを辞めて半年ほど経った頃、私はそのことをいやおうなく意識させられることになった。

その時私は独立したことを報告するために帰郷していた。両親を始め三人の姉妹もそろっていた席で、私は長い間、心の中でモヤモヤとしていた記憶のことを口にした。それは私の中の空襲の記憶である。

私は福岡県久留米市で生まれ、その郊外の八女郡（現筑後市）で小学校から高校までを過ごしたが、記憶の中で一シーンだけ戦争の思い出を抱えていた。

久留米市は私が三歳の誕生日を迎える直前の八月一一日、つまり終戦の四日前に空襲を受けて二〇〇〇人を超える市民が死亡、わが家も全焼した（私の一家は空襲の後、父親の実家があった八女郡に転居して、そこを住所とした）。

その際、私は真っ赤な空を黒っぽいものが飛んで行ったことを記憶している。それがカラスだったか、飛行機だったかも定かではない。

私は長い間、そのシーンは後になって母親か二人の姉から聞かされたことを自分の記憶と思い込んだのだと確信していた。

だが家族がそろった席で空襲の話を持ち出したところ、私の記憶に合致するような記憶を持つ者は誰もいなかった。五つ上と二つ上の姉、それに母親の記憶によると空襲警報が鳴ったので防空壕へ逃げ込んだ途端、焼夷弾が落ちてきて我が家が炎上した。

その時、二人の姉はかねての取り決め通り、母方の二人の叔母に連れられて郊外の知り合いに別々に逃げたので記憶がないという。また防空壕から出た直後のことは母親も覚えていなくて、結局「二歳と三五〇日の子どもにも記憶ってあるのだろう」ということになった。

しかし話はそれだけでは終わらなかった。私の記憶にある場所はどこだろうという話題から、母親が「お前をおぶってあちこち逃げ回った後、レンコン堀に逃げ込んだ」といい出した。レンコン堀とは実家から数百メートル離れたところにあり、その南側に久留米の遊郭、さらに数百メートル離れたところに久留米の連隊があった。母親は防空壕から出ると荘島川という、ほとんど水のないどぶ川に飛び込み、必死で逃げたという。その後、実家と反対側にあるレンコン堀で一夜を過ごしたのであった。私の記憶はその時の光景だろうということで家族の意見が一致したが、母親がこう付け足した。

「レンコン堀のことを覚えているくらいなら荘島川の中を逃げた時のことは覚えとるだろうねえ」

川に飛び込んだのは米軍機の機銃掃射を避けるためだったが、川の中は戦前からゴミ捨て場と化していて、いっしょに逃げ込んだ人の中には釘を踏んだ傷がもとで破傷風で死んだ人や、硬い物を踏み外して足の骨が折れたものの、そのまま逃げるうちに動けなくなった人などが続出した。破傷風で死んだ人は一人や二人ではなかったという。とくに久留米高女の同期生で大の仲良しだった○○さんは私の母親同様、子どもをおぶって逃げる最中に釘を二本も踏んだために動けなくなり、結局破傷風が悪化してなくなった。

「そりゃ苦しんで、苦しんでねえ」

しかし私には荘島川のことなど、まったく記憶になかった。すると母親は、

「空襲が終わってからのことは覚えとるのに一番恐ろしかった時のことは覚えとらんとはねえ、ああ、苦労のし甲斐がなかねえ」

と嘆息しながら、ぽろぽろと涙を流し始めたのである。それも「ああ、悔しかあ」と、テーブルを叩きながら本当に悔しそうだった。私はその頃、多くの医学雑誌を読んでいたから、母親の反応がパニック障害の一種だろうとは思ったが、「苦労のし甲斐がなかねえ」と嘆かれた息子としてはどう答えていいかわからなかった。

と同時に母のパニックは「戦争の傷跡のまったくないように見えるわが家でも、まだ戦争が終わっていない証」のように思われた。

昭和一六年のこと

戦争を考えるについて、私は作業上の仮説として一五年戦争の時代を三つに区分した。第一は日本が満州から中国へと進出した時期。この間は圧倒的に優勢だった戦況が次第に硬直化したことが特徴であるが、その結果、負けるはずのない中国軍にしてやられたりした苛立ちから集団強姦や集団虐殺が頻発した。

第二期は戦局の打開を求めて南方へ進出した時期で、真珠湾への奇襲攻撃とあいまって米軍の参戦を誘うことになった。このために日本兵はフィリピン戦線において記録されているような飢餓地獄に直面させられ、その状況はタイやビルマ（現ミャンマー）などにおいても似たようなものであった。

そして第三の局面は連合軍による日本人の無差別殺戮で、それは沖縄戦を皮切りに東京・大阪などへの空襲、広島・長崎の原爆へと続いて行く。

この仮説を私は今でも修整の必要がないものと考えている。それと同時に私にとってもっとも必要なことは、母のパニックが示しているように、日本人の心の中に堆積された傷跡を記録として掘り起こして行くことだとも思った。

ここに上げる三つのエピソードはいずれも私が取材したもので、私の時代区分の原点ともなった話である。


私は昭和五〇年から二年三か月にわたって「サンケイスポーツ」紙に「昭和性相史」というシリーズを連載したが、その取材のために信州の伊那谷へ出かけた時のことであった。ある人物を訪問するまでに時間の余裕があったので市の郷土資料館を見学に行ったところ、薬研（硝石や硫黄など火薬の材料を粉にするために用いる道具）や鉄製の筒など花火師の道具が展示されていた。担当者によると病気で引退した花火師のHさんに寄贈してもらったという。


私はHさんを訪ねて、太平洋戦争の開戦前の思わぬ経験を教えてもらった。

「昭和一六年の五月頃でした。私は町役場から呼び出されて横須賀の海軍工廠へ行くよう命じられました。花火師の技術が必要で、信州からは多くの花火師が出かけるというのです。三五歳の時で、結婚していましたが、この歳で徴兵されるよりましだろうと考えて応じました」

そこには二〇〇人くらいの男が集められていたが、知り合いの顔は見当たらなかったし、まして信州の花火師はいなかった。メンバーはほぼ五〇人ずつ四組に分類され、兵舎に連れていかれた。その日は隣り同士になった四人で自己紹介をしあったが、茨城県の農家の息子、東京・荒川の元理科の先生、横浜の人で中国戦線で負傷し、退役していた兵隊さんもいた。理科の先生は体が弱くて退職したのだという。

しかしそれ以上の雑談は許されなかった。各組に二人ずつの監視兵がいて、宿舎や作業場への行き帰りにも付いてきた。私語厳禁で、ちょっとでもおしゃべりしようものなら「私語止め」といった叱責が飛んできた。自分たちが厳重な軍の監視下にあることは明らかで、「召集兵でもないのに、何だこの扱いは……」と初日から憤懣が鬱積した。

自分たちに対する扱い以上に訳のわからないのが作業の意味であった。

作業は翌日の朝から始まったが、これが大量の不発弾から火薬を抜き出して新しい銃弾の材料とするため信管や雷管を抜くというものだった。これほど大量の不発弾がどこから集められてきたのかがみんなの共通の疑問で、海軍は今すぐ必要な鉄砲の弾に不自由しているわけでもないだろうに、どうしてこんな作業をやるのか不可解だった。

作業の行き帰りには当番兵の号令に従うことが強制された。その行進の途中で横を見ると、やや離れたところにある埠頭に「赤城」や「加賀」などの航空母艦を始め、日本海軍の誇る軍艦が勢揃いしていて惚れ惚れするような光景だった。Hさんには航空母艦と戦艦や巡洋艦などの区別もつかなかったし、名前もまったくわからなかったが、その威容は今でも目に焼き付いている。

ところが一一月の初旬、作業場に集合を命じられた日のことであった。途中でひょいと埠頭の方を見ると、昨日まで確かにあった海軍の精鋭部隊の姿がきれいに消えていた。

「日米開戦が噂される中で海軍も訓練に余念がないのだろう」

とHさんは思った。しかしその日、「すべての作業は終了したから本日をもって解散、帰郷を許す」と告げられた。横須賀へきて五か月ほど経った頃だった。

ラジオの臨時ニュースによって、日本が真珠湾を攻撃し、大勝利を収めたことを知ったのはそれから約一か月後の事であった。

敗戦から二〇年以上、Hさんはずっとある疑念を抱いていた。

「自分たちが監視されながらやったあの作業は一体何だったのか」

日米の物量の差が大きくかけ離れていたことは戦時中から常識とされていた。その場合、鉄鉱石が足りないとか、アメリカが石油を売ってくれないといった大きな話が持ち出されるが、「海軍ではそれ以前に、今必要な鉄砲弾さえ足りなかったのではないか」ということである。

その疑問をHさんは厚生省（当時）の担当者にぶつけたことがある。戦後四、五年経った頃から体調がすぐれなくなった。その原因が砲弾から信管や雷管から硫黄分を抜き出す作業を続けたせいではないかと想像したからである。役所の答えは、

「そういう作業が行われた事実そのものが存在していません。存在しなかった事実については何もいうことができません」

とのことだった。厚生省まで出かけて「私自身がその作業に従事していた」と訴えたが、「事実そのものがないのだから、確認することが不可能です」の一点張りだった。防衛庁

戦史部にも問い合わせたが、担当者から「覚えている詳しい事実を記入して送ってください」といわれた。自分の経験を便箋一五枚くらいにまとめて送ったがナシの礫《つぶて》だったという。

中国戦線のこと

満州事変から日中戦争の時代には、日本軍は「行け行け、どんどん」の勢いで進出したものの、戦線は拡大する一方で、その割に明確な成果が得られたわけではなかった。戦線が拡大するに連れて補給が追いつかなくなり、あちこちで共産軍や八路軍、それに便衣隊と呼ばれるゲリラの反攻を受けるようになると、彼らに対する怒りから残虐行為が目立つようになった。

中国戦線の最大の特徴はこの集団虐殺や集団強姦などの残虐行為にある。

東京・世田谷に住んでいた時、近くにあった「邪宗門」という喫茶店に連日通っていた。ゲイの雑誌『薔薇族』の伊藤文學編集長と親しくなったのもこの店である。

植木職人のFさんも「邪宗門」の常連で、その特異な戦争体験もこの店で聞いた。

Fさんが召集されたのは昭和一七年二月、まだ真珠湾攻撃の大勝利の余韻が残っていたさなかで、三月には中国戦線へ送られたが、「ちゃんころ（中国人の蔑称）なんかに負けるわけがない」と意気揚々だった。同期生の間では「年内には帰国できるだろう」という楽観的な観測もなされていたという。

送られたのは中国・湖南省の田舎だったが、最前線で軍務につくと、ことはそう簡単ではなかった。

問題は二つあった。一つはFさんが所属する隊の小隊長は小学校の同級生で、旧制中学に進学した者だった。一方、Fさんは尋常小学校卒で、農家の手伝いや人夫などのその日暮らし、おまけに背中いっぱいに刺青を入れていた。典型的な当時の半グレである。旧制中学では軍事教練が課せられており、また途中から士官学校へ進む者もいた。気がつけば、かたや少尉で小隊長、かたや二等兵という差となって表れたのである。

小隊長は訓示をする時などFさんのことを「人間の屑」と名指しでバカにした。偵察、歩哨など、あらゆることに酷使され、偵察に出される時など「お前の代わりはいくらでもいるからな」と全員の前で面罵されたという。さっさと死んでしまえという訳だが、召集前にはそんなことをいわれた覚えがないから、隠していた本音が表れたのだろうという。

第二の問題は中隊でただ一つの無線機が始終故障していたことである。前線に陣地を構えて二日目か三日目、いきなり中国兵に襲われた。その時、兵隊が無線機を落としたため坂道をだいぶ落下した。それが原因で送受信がうまくいかなかったのである。代替品を要求したが、本隊としては珍しいケースではなかったから「修理して使え」といわれただけだった。

それから数か月後、陣地がまたもや襲われて数人の死者が出た。新兵の集団は戦友が戦死した瞬間から敵に対する猛烈な憎しみで一致団結し、本物の戦闘集団に変身する。その結果、部隊は敵を壊滅するための掃討作戦をしばしば実施し、村人に対する虐殺、強姦が次第に常態化して行った。中国戦線では国民党軍と八路軍の他に、軍服を着ないで住民にまぎれこんだ便衣隊と呼ばれる強力なゲリラがいた。便衣隊は国民党か八路軍のどちらかに属しているという見方もあれば、どちらにも属していない組織とされたり、時々で組む相手が変わるなど評価は一定しなかったが、それだけに村民全部が便衣隊と推測されがちだった。

ある時、山中で集落を発見すると、Fさんの部隊では村人はゲリラの拠点だと判定して男や子どもは山中に集めて虐殺、女は一二、三歳の少女から老女まで全員を強姦した後一軒家に集合させて外から火をつけた。男や子ども、老女を含む女性がそれぞれ一四、五人ずついたのではないかという。それまでにも一人、二人の村人に対する強姦や虐殺は何度かあったが、三〇人もの集団虐殺・強姦は経験したことがなかった。火を点《つ》けられた家から女性が逃げ出してくるところを一斉射撃で射殺したという。

この行為の意味するものは部隊全員にわかっていたから、復員後は隊員の誰もがこのことに触れようとはしなかった。その頃には同じような情景が中国大陸のあちこちで演じられていたことを知ったが、それでも私が質問するまで、このことについて他人にしゃべったことはないという。

ただし以前と同様だったのが、小隊長のFさんに対する虐待である。ある時、掃討作戦でへとへとになったFさんは、小隊長から数キロ後方にある本隊へ報告に行くよう命令を受けた。二等兵が本部へ報告に行くなど軍隊の常識であり得るのかどうか知らないが、無線機が役に立たない状況下ではそれもありだったのだろう。

馬一頭をお伴に出発したFさんは役目を果たして帰途についたが、疲労から意識を失ってしまった。ハッと気がついたら馬がFさんの顔をペロペロと舐めていた。それからは馬の首にぶら下がるようにして帰隊したが、馬は首全体でFさんの体を押しながら連れて帰ったという。

ところが帰隊したらそのまま歩哨に立つようにと命令された。「自分はひと晩保たずに死ぬかもしれないな」と思い、「馬といっしょにいたい」と、それだけを念じたという。

そこで思わぬ情景を目にした。

「前線基地は山腹の陰に設営されていましたが、歩哨に立ってまもなく、眼下にボーッと蒼い光が見えてきたんです。その数日、戦闘中も雨が降ったり止んだりの状態だったけど、死体から燐が燃え出していたんです。それが一〇〇とか二〇〇、いやもっとだろうな、五〇〇くらいの数だった。あまりにきれいなので、私は馬といっしょにここで墓守りをやりたいと思ったものです。その思いは戦後もずっと持ち続けています」

この燐光は何割が友軍のもので、何割が中国人だろうと思ったが、すぐにどうでもいいと思った。

ちなみに小隊長とは戦後も街中で顔を合わせることがある。あったら殺すつもりで、いつもナイフを持ち歩いていたが、ある日、小学校時代の友人と歩いていた時に、横っちょから彼が現れて、「お互い戦地では苦労したよな。これからも頑張ろうな」というや、さっと姿を消した。機先を制せられて殺すタイミングを失したという。その後も遠くで姿を見ることはあるものの、彼が近づいてくることはない。

飢餓地獄

昭和五〇年の初夏のことだった。三代続く花火師で、フィリピン戦線の生き残りというOさんに会った。

昭和二一年春、復員したOさんは進駐軍向けの娯楽用クラッカーを製造していた。花火師は火薬を調合することが仕事だから、「ここでほんの少し黒色火薬を増量すれば爆発し、自分は確実に死ぬ」という知識が常識として脳裏にある。戦地で生き残った後ろめたさにさいなまれていたOさんは、ある日その境界をひょいと越えた。と同時に「自分はここでは死ねない」とも思ったという。

その瞬間、火薬は爆発、右手が吹っ飛びそうになったところを左手で抑え、田んぼ道をそのまま町の病院へ走った。病院までは約一キロくらいの距離だった。幸い右手は残存できたが、左手の手の甲から腕にかけて焼けただれ、右手の人差し指と中指は完全に癒着、薬指もかろうじてすき間が見える程度だった。そしてその状況は私が会った時もほとんど変わっていなかった。

取材中、彼は「日本はもう一度戦争をして欲しい」と何度も繰り返した。「その時は自分は真っ先に志願して戦場で死ぬ」というのだ。

「日本はこれだけ復興したのだから、今度外国へ戦争を仕掛けても、兵隊があのような悲惨な戦場に放り込まれることはないだろう。死んだ戦友たちに君たちのおかげで、ようやく戦争らしい戦争ができるようになったぞといいたい。それしか言い訳ができない」

というのがこの花火師の述懐だった。

昭和二〇年一月九日、反撃を開始した連合軍はルソン島のリンガエン湾からフィリピン上陸を開始した。Oさんの部隊が台湾からその近くに移動してきたのは四か月ほど前だったが、その時も米軍の艦砲射撃に追い立てられて「上陸させられた」に等しかった。日本軍はすでにズタズタに寸断され、食糧補給もまったく受けられなかったという。

連合軍の猛攻を真正面から受けたOさんの中隊は一週間で半減、中隊長も戦死したため、伍長だったOさんが指揮を執ることになった。その時は一一人の部下がいたという。

二月半ばからはルソン山中をひたすら逃げ回る日が続いた。すでに死屍累々、あちこちに日本兵の死体が転がっていた。その頃には野犬がウロウロしていて、野犬に食い荒らされた死体も少なくなかったが、まもなく野犬は撃ち殺して食べ尽くしたため、山中に転がっている死体の中をさまよいながら歩いていた。

友軍と出会って食糧にありついたのはそれから間もない頃だったが、同時にその指揮下に組み入れられ、数度の戦闘も経験することになった。その時、Oさんは部下に対して「誰かが死んだら指を切り取って残し、生き残ったものが家族に届けるようにしよう」と持ちかけ、自分を含む一二人の住所と名前を記入した書類を一二セット用意して各自が持ち合うことにしたという。

ところが最初に切り取ったのは発狂して自殺した兵隊の指だった。戦闘というのは両軍がバンバン撃ち合うだけでなく、その間に突如、静寂の時間が訪れる。銃弾を補充したり、兵隊を移動させる必要は、敵も味方もほとんど同時に感じるもので、その一致が奇妙な静寂を生み出すのである。

一〇分か一五分くらい経った頃だった。Oさんたちは山かげで休息していたが、誰かがカチャカチャッと鉄砲の引き金を引いた。単に引き金の調子を試しただけだったが、その兵隊がいきなり立ち上がって走り出し、自分で自分の首をぶち抜いたのである。静寂の間に敵に周囲を囲まれたという恐怖を感じることはしばしばあり、兵隊はその恐怖に耐えられなかったようであった。

Oさんはまだピクピクと痙攣している部下の小指をナイフで切断した。一、二分後には攻撃を再開することが決まっており、躊躇している余裕はなかった。

以来、戦闘で三人の部下が戦死したかと思えば、体が衰弱して死んだ部下など次々に死んで行った。その度によそから補充されたり、孤立して一人で行動していた兵隊が「同行させて欲しい」と願い出てきたりしてきたため、部下はいつでも六人いたが、自分が指揮を執り始めた時の最初の兵隊は誰一人いなかった。

その頃には、夜も安心して眠れないような緊張状態が続いたという。飢餓状態が極限に達して、友軍を殺して食べるような状態があちこちで見られるようになったから、「明日は我が身」と思うと緊張感が解けなくなったのである。

「ある日、三メートルほど離れた木の上に子猿がいました。私は自分の拳銃でそれを狙い撃ちして射止めました。それを焼いて、みんなで食べた後、私は全員に銃を向けながら、今から投降する。文句がある者は出て行け。出ないと殺すといいました。みんなが黙っていたので白旗を作らせ、数時間かけて米軍に投降したのです」

部下たちは子猿を射殺したOさんの腕を目撃していたから反対しなかったが、実は拳銃の中には一発の銃弾も残っていなかったという。

その後、帰国したOさんは毎晩のように子猿の顔を夢に見るようになった。それがいつしか最初に持った一一人の部下の一人一人に変わるのである。もう二〇年以上続く夢だという。

戦記について

私は昭和の性風俗史の資料として、満州事変（昭和六年）やノモンハン事件（昭和一四年）に始まり、太平洋戦争の敗戦までに記述された戦記を懸命になって読んだ。現在、私の本棚に残っているだけでも四〇〇冊を超えるから国会図書館や都立中央図書館、さらに地元や地方の図書館で読んだ分を含めたら一〇〇〇冊は突破すると思う。他にも雑誌に発表された戦記もかなりな数に上るし、私がインタビューした人物も三〇人はくだらない。

こんないい方は自分がお勉強家であることを自慢しているようでみっともない限りだが、過去にすべての医学雑誌を読んで見ようと思い立ったことによって、性の問題を精神医学や犯罪学全体の視野から見る訓練ができたのと同様、戦争と性というテーマについても「私なりの全体と個」の関係という視点を持ちたかったのである。仮りにある戦記に描かれた性のエピソードが私にとって、大変衝撃的だったとする。そのエピソードは戦争全体の中でどんな意味を持っているかを判断するためには、戦記を読み込むしか方法がなかったのだ。少なくともそれは大本営発表や御前会議など、戦争指導者たちの政治的発言からわかる話ではなかった。

それにしても人間とはこんなに簡単に、残虐の限りを尽くすようになるのか。私は戦記を読んだり、元兵士にインタビューするたびにその驚きを禁じ得なかった。例えば創価学会青年部反戦出版委員会編の『中国大陸の日本兵』には纏足《てんそく》の女性を水中に立てた柱に縛り付け、両足を二頭の水牛に結わえ付けて反対方向へ歩かせるという「股裂きの刑」の話がある。縛り付けられた女性の体は「バリッ」という音とともに裂けてしまうが、そういう処刑が次々と行われ、「杭を打つ兵隊は実に楽しそうであった」と記録されている。

この処刑の根っこに性的な好奇心が潜んでいることは今さら説明するまでもないが、戦記にはこういうエピソードが次々に登場する。とすれば戦地でこの種の残虐行為が頻発したのは国家のせいなのか、それともあくまで個人が背負うべき責任なのか?

と同時に精神医学や犯罪学の雑誌からは、戦場における猟奇的な行動の研究がすっぽりと抜け落ちていることにも気がついた。研究者は誰一人としてこの問題に気づかなかったということも考えにくい。それはなぜなのだろう? 全体性にこだわることの意味はそういうところにもある。

私はかつて、その回答の一つを示しているのではと感じさせられた人物に会ったことがある。この男性は私が週刊誌の記者をしていた頃、真夜中に酔っ払って編集部に電話をしてきた。夜中になると編集部の電話は酔っ払いの愚痴、上司や妻への不満などで鳴りっぱなしだったが、男性の話はよく聞き取れないものの、何かしらただ事でないものを感じさせた。

その男性と後日、改めて会ったのだが、その内容は前述した「股裂きの刑」の数倍もの人数を同様に処刑した話から、三〇代の妊娠した人妻を三十数人の兵隊が輪姦した上虐殺して川に捨てた話など、聞いているだけで頭がくらくらしてくるエピソードの連続だった。

そしてその極め付けが、同年兵のK軍曹とともに一〇代後半の双子の姉妹を強姦して虐殺、その陰部を焼き鳥にして食べたというものであった。

この男性は大正九年生まれのFという元衛生軍曹で、事件は昭和二〇年の初め、ルソン島（フィリピン）のカプガオという村で起こった。

二人の少女を捕まえてきたのは同期生のK軍曹で、一人を上官に提供すると、残った少女を二人して三回も四回も強姦した。その後Fさんが持ち場に戻っていると、K軍曹が串に刺した焼き肉を差し出して「食え」といった。

その串焼きには陰毛らしき毛が何本も付着していて、少女の陰部であることはすぐに察しがついた。K軍曹は「オレももう一人の子を食った」といったという。どうやら上官に献上した娘が用済みになった後殺害し、串焼きにしたものと思われた。

その串焼きを食べた時、Fさんは一人の女性の全てを味わい尽くしたようなエクスタシーを実感した。それは今までに経験したことのない、言葉にいい表せないほどの感動だったという。

Fさんが復員したのは敗戦から一年ほど経った頃である。戦争中の特異な体験について他人に語ることはなかったが、あの目くるめくような官能の瞬間は何度も思い出したという。

しかしそれから七年も八年も経ってから、その高揚した気分は「人間として汚名を着せられた」ような惨めな思いへと変化した。昭和二八年に軍人恩給の制度が復活してその金を楽しみにしていたが、いっこうに支給される気配がない。しびれを切らして役所に問い合わせたところ、「兵役についていた期間が四日間足りないので受給資格がない」と告げられたのである。それまで「お国のために戦った」と信じていたFさんは「あんたは役立たずだった」と宣告されたような気分だった。

ただしFさんは「役立たず」と宣告された屈辱感を主張する一方、「自分はあれだけのことをやった人間だ」という誇りも繰り返した。

Fさんの話を聞きながら、この中に猟奇性ということの根源的な意味が含まれているように思った。それは動物的な本能といった指摘とはまったく次元の異なる話で、極限の状況下で人間が選択し得るもっとも人間的な行動といえるのではないだろうか。しかもそれがしばしば見られることは、人間社会において猟奇的な行動とは国家や個人とも拮抗できる第三の極なのではないか。戦争とは国家による個人に対する最大の外圧だが、その外圧に心理的に対抗する手段であり、個人的な生き方としての性のありようを凌駕する、時には嘲笑する心理といえるかもしれない。人間の猟奇性とはそれほど根源的なものであり、戦争とはその三要素のぶつかり合いなのである。

と同時に平時において猟奇犯罪が頻発する事態は、時代状況の中に戦時と同様の緊張を強いられている人々が存在することを予見させるところがあるのではないか、少なくともそういう見方も可能ではないかとも思った。

私は昭和の性の風俗史を『昭和性相史』（伝統と現代社、全三巻。後に第三書館から『男性の見た昭和性相史』全四巻として再刊）として出版したが、その後は個人的な生き方としての性を追求している人々を追い求めるようになった。

本文でも述べたように性関係は子孫を残すための営みであれ、快楽を求めた関係であれ、日常生活とは異次元の行為であり、その意味ですべての性的な行為が変態である。私は人間社会の一極をなすものとしての変態を追いかける作業に没入したいと思ったのである。

それによってもう一つの性の問題である猟奇犯罪のことも、浮き彫りにできるように感じている。

あとがき

風俗ライターという職業を選択してからざっと半世紀が過ぎた。その間、ずっと日銭稼ぎの生活だったから、性風俗をテーマにしたいということと、セックス産業は扱わないという原則以外に、これといったポリシーを持つこともなかったしポリシーを持つ余裕もなかった。セックス産業に立ち入らないという原則は社会の表面に現れた性の風俗ではなく、社会の裏側で営まれている性、個人的な生き方としての性の歴史を知りたいという思いのせいであった。

あってなきかのポリシーも生活費稼ぎのために瓦解することが多かったが、それに追い打ちをかけたのが、自分には性風俗をテーマにするほどの女性経験が決定的に欠落しているという認識だった。男女関係とはこういうものだという全体像を提示した上で、取り上げたエピソードの持つ意味を紹介することが理想的なのだろうが、それをいうには私の経験はあまりにも貧弱であった。

私が医学雑誌から新聞・雑誌などの資料を読み込んだり、エロ雑誌を収集したりしたのは、それらの資料を読むことが好きなこともあったが、我が身の不足分を少しでも補いたいという思いの表れであった。と同時にそれらの資料に内包される性的な要素をあらかじめ確認しておくことによって、その部分を創り出している人々を探し回ろうというのが私の目論見であった。個人の存在は全体に規定されるというのが一般的な理解だが、私は逆に個々人の性の営みが社会の一部をなしているところもあるのではないかという前提に立ったのである。全部が全部、私の思い通りというわけにはいかないことは承知していたが、そういう見方もありだろうとも思っていた。

本書は自分の仕事の中からそういう色合いの読み物を取り出したものである。ＳＭの世界を切り開いた須磨利之さんや横浜のセックス・ショップ「あか船」の加茂和夫さん、最初のパンパン宿の経営者である島本広太郎さんなど六篇は一九九八年三月に筑摩書房から出版した『極楽商売』と一部重複するが改稿のうえ再録した。二〇年以上を経た現在でも十分に普遍性を保持していると思ったからである。

変態と呼ばれる世界に二〇年ほど身を浸していたが、最近は「古代の性風俗のことを少しでも知りたい」という思いが日に日に濃厚になった。昭和の通史の中で性風俗をテーマにすれば、次には戦争と性の問題に照準を定めることが自然の流れだが、私の中では昭和の戦争の記録よりも古代の性風俗の方が気がかりだった。

その理由は戦争とは個人に対する国家による最大の外圧と考えていたが、戦記を読むうちに戦争とは国家対個人という対立の図式のほか、人間の猟奇性という第三の条件を付加しないと理解できないと考えるようになった。この点はとくに中国戦線で顕著だった。そのことは当時から関係者の間で気になっていたらしく、後の官房長官で、戦時中台湾司令部に将校として勤務していた後藤田正晴は「戦争末期になると、中国に駐屯していた部隊が台湾を経て南方に投入されていった。中国にいた部隊はどうしてあれほど荒っぽくなるのかと内心で不思議に思っていたよ」と語っていたという（『月刊文藝春秋』二〇一九年一二月号掲載、保阪正康「「憲法改正」後藤田正晴の警告が聞こえる」）。

しかしこの問題に立ち入ると「人間の猟奇性とは何だろう?」という疑問よりも、政治的な次元に巻き込まれそうで、それは私の最も避けたいところであった。それよりも性風俗を古代から見直すことの方が、私にとってはよほど「同時代史」のように感じられた。すでに七七歳だからこの設問に自分でどれほど迫ることができるかは危ういが、やれるところまでは突進しようというのが老人の覚悟である。

本書も『極楽商売』も筑摩書房の青木真次さんによって本にしていただいた。青木さんとの付き合いも、もう三〇年近くになる。

二〇二〇年一月

下川耿史

下川耿史（しもかわ・こうし）
一九四二年福岡県生まれ。著述家、風俗史家。著書に、『混浴と日本史』（筑摩書房）、『盆踊り　乱交の民俗学』『日本残酷写真史』（以上、作品社）、『エロティック日本史』（幻冬舎新書）ほか。編著に、『環境史年表』（昭和・平成編／明治・大正編）、『近代子ども史年表』（明治・大正編／昭和・平成編）、『家庭史年表』（昭和・平成編／明治・大正編）、『性風俗史年表』（明治編／大正・昭和戦前編／昭和戦後編）（以上、河出書房新社）、ほか多数。

性《せい》風《ふう》俗《ぞく》50年《ねん》　わたしと昭和《しょうわ》のエロ事師《ごとし》たち

二〇二〇年二月二八日　初版第一刷発行

著　者　下川耿史

発行者　喜入冬子

発行所　株式会社　筑摩書房
東京都台東区蔵前二-五-三　郵便番号一一一-八七五五
電話番号　〇三-五六八七-二六〇一（代表）

印刷・製本　中央精版印刷株式会社

ISBN978-4-480-86473-4 C0036

混浴と日本史

下川耿史

温泉列島・日本で古代から親しまれてきた混浴。西洋人からは蔑まれ、為政者からは禁止されながらも続いた混浴。おおらかなのか、猥らなのか。初の日本混浴史。

さいごの色街　飛田

井上理津子

遊郭の名残りをとどめる大阪・飛田。社会のあらゆる矛盾を飲み込む貪欲で多面的な街に、なぜ人々は生きるのか？　長期取材をもとにした迫真のノンフィクション。